트렌드
테스트

요즘지식
TREND TEST

facebook

TEST 01   다음 보기 중 페이스북에서 출시한 제품은?

난이도

오큘러스 고

A

HTC 바이브

B

클라우드 키친
Cloud Kitchen
일명, 공유주방

TEST 02   위에 제시한 그림과 가장 관련 깊은 기업은?

난이도

리프트

A

우버

B

"과학기술계의
무인양품(MUJI)을 만들겠다."

TEST 03 위와 같이 말한 인물이 창업한 기업은?

난이도

샤오미

화웨이

A

B

TEST 04 세계 최대 숙박 공유 기업 에어비앤비의 뜻은?

난이도

Air Bed
and Breakfast

Air Broadcast
and Business

A

B

에반 스피겔

| TEST 05 | 위에 제시한 인물이 창업한 기업은? |

난이도

트위터

스냅챗

A

B

PayPal™

| TEST 06 | 위에 제시한 기업과 가장 관련 깊은 인물은? |

난이도

잭 도시

피터 틸

A

B

TEST 07 다음 중 마이크로소프트 사가 개발한 인공지능은?

난이도

애저

A

alexa

알렉사

B

테슬라
Tesla Model S

(출처: 테슬라)

TEST 08 테슬라에 장착된 자율주행용 반도체는?

난이도

에이엠디

A

엔비디아

B

(출처: 아마존)

TEST 09   위에 제시한 제품과 가장 관련 깊은 인물은?

난이도

마크 저커버그

A

제프 베조스

B

(출처: 웨이모)

TEST 10   위에 제시한 자동차와 가장 관련 깊은 기업은?

Google

난이도

구글

A

토요타

B

(출처: 삼성)

| TEST 11 | 다음 중 갤럭시폰에 적용된 음성인식 인공지능은? |

난이도

코타나

A

빅스비

B

| TEST 12 | 다음 중 유니클로의 창업자는? |

난이도

야나이 다다시

A

아만시오 오르테가

B

Google

TEST 13	다음 중 구글의 스마트 기기 운영체제는?

난이도

안드로이드

A

iOS

B

PayPal™

페이팔 마피아

Paypal Mafia

TEST 14	다음 중 '페이팔 마피아'의 일원이 창업한 기업은?

난이도

Linked in

짚카

A

링크드인

B

제프 베조스

TEST 15   다음 중 아마존이 인수한 언론사는?

The
New York
Times

난이도

The
Washington
Post

뉴욕타임즈

A

워싱턴포스트

B

TEST 16   다음 중 알리바바가 인수한 음식 배달 전문 기업은?

난이도

메이퇀

A

어러머

B

TEST 17	다음 중 페이스북이 인수한 기업은?

난이도

인스타그램

A

트위터

B

(출처: 아마존)

TEST 18	위에 제시한 제품에 사용된 인공지능은?

난이도

알렉사

A

어시스턴트

B

다음 중 중국의 대표적인 차량 공유 기업은?

Tencent 腾讯

난이도

텐센트

A

DiDi
More than a journey

디디추싱

B

다음 보기 중 '알파고'를 만든 기업은?

DeepMind

난이도

딥마인드

A

IBM.

아이비엠

B

| TEST 21 | 다음 중 온·오프라인 안경 판매 기업은? |

난이도

리플

A

WARBY PARKER
eyewear

와비파커

B

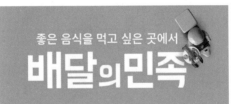

좋은 음식을 먹고 싶은 곳에서

배달의민족

(출처: 배달의민족)

| TEST 22 | 다음 중 중국의 '배달의민족'이라 불리는 기업은? |

난이도

샤오미

A

어러머

B

NETFLIX

TEST 23	다음 중 의류업계의 '넷플릭스'라 불리는 기업은?

난이도

스티치픽스

A

써드러브

B

TEST 24	다음 중 이케아가 가구 연구를 위해 찾아간 곳은?

난이도

나사
미항공우주국

A

스페이스엑스

B

(출처: 로욜)

TEST 25　　　다음 중 세계 최초 폴더블폰을 출시한 기업은?

난이도

로욜　　　　　　　　　　　　삼성 갤럭시

A　　　　　　　　　　　　　B

TEST 26　　　다음 중 레드햇을 39조 원에 인수한 기업은?

난이도

마이크로소프트　　　　　　　　아이비엠

A　　　　　　　　　　　　　B

(출처: 빙고박스)

TEST 27　　　　다음 중 무인편의점 빙고박스와 유사한 매장은?

난이도

amazon go　　　　　　　　　Walmart

아마존 고　　　　　　　　　　　　월마트

A　　　　　　　　　　　　　　　**B**

센스타임

매그비

이투

TEST 28　　　　위에 제시한 기업들의 공통된 기술은?

난이도

A　　　　　　　　　　　　　　　**B**

허취팡
(盒区房)

TEST 29　　　　다음 중 신조어 '허취팡'과 관련 있는 매장은?

난이도

허마셴성

A

제이디 엑스

B

세계 최초 인공지능이 출간한 시집

햇살은 유리창을 잃고

TEST 30　　　　다음 중 위의 시집을 출간한 인공지능은?

난이도

마이크로소프트
샤오빙

A

구글
듀플렉스

B

(출처: GE 리포트 코리아)

TEST 31   위에 제시한 그림을 대표하는 용어는?

난이도

디지털 트윈

A

증강현실

B

(출처: 모디페이스)

TEST 32   페이스북의 증강현실(AR) 메이크업 파트너는?

난이도

CHANEL

샤넬

A

Because you're worth it.
L'ORÉAL PARiS

로레알

B

TEST 33   일본 기업 무지(무인양품)가 중국에서 진행 중인 비즈니스는?

호텔

난이도

페스트패션

A   B

세계 최초
무인 로봇 호텔

TEST 34   다음 중 세계 최초 무인 로봇 호텔은?

난이도

Hilton

힐튼호텔

Henn na Hotel

헨나호텔

A   B

◆ 소방 분야

강좌명	수강료	학습일	강사
[쌍기사 평생연장반] 소방설비기사 전기 x 기계 동시 대비	549,000원	합격할때까지	공하성
소방설비기사 필기+실기+기출문제풀이	370,000원	170일	공하성
소방설비기사 필기	180,000원	100일	공하성
소방설비기사 실기 이론+기출문제풀이	280,000원	180일	공하성
소방설비산업기사 필기+실기	280,000원	130일	공하성
소방설비산업기사 필기	130,000원	100일	공하성
소방설비산업기사 실기+기출문제풀이	200,000원	100일	공하성
소방시설관리사 1차+2차 대비 평생연장반	850,000원	합격할때까지	공하성
소방공무원 소방관계법규 문제풀이	89,000원	60일	공하성
화재감식평가기사·산업기사	240,000원	120일	김인범

◆ 위험물 · 화학 분야

강좌명	수강료	학습일	강사
위험물기능장 필기+실기	280,000원	180일	현성호,박병호
위험물산업기사 필기+실기	245,000원	150일	박수경
위험물산업기사 필기+실기[대학생 패스]	270,000원	최대4년	현성호
위험물산업기사 필기+실기+과년도	350,000원	180일	현성호
위험물기능사 필기+실기[프리패스]	270,000원	365일	현성호
화학분석기사 실기(필답형+작업형)	200,000원	60일	박수경
화학분석기능사 실기(필답형+작업형)	80,000원	60일	박수경

NETFLIX

| TEST 35 | 다음 중 넷플릭스가 제공하는 서비스는? |

난이도

A

B

amazon

| TEST 36 | 다음 중 아마존의 창업 초기 아이템은? |

난이도

책

DVD

A

B

TEST 37 다음 중 소프트뱅크가 36조 원에 인수한 기업은?

난이도

에이알엠

A

모빌아이

B

스포티파이

TEST 38 위에 제시한 기업과 같은 서비스를 제공하는 국내 기업은?

kakaobank

난이도

Melon

카카오뱅크

A

멜론

B

그랩

| TEST 39 | 위에 제시한 기업과 같은 서비스를 제공하는 기업은? |

난이도

우버

A

샤오미

B

프랭크 왕

| TEST 40 | 위에 제시한 인물이 만든 제품은? |

난이도

나인봇(세그웨이)

A

드론

B

요즘
지식

|||

모든 테스트가 끝났습니다.

요즘 필요한

요즘지식

Vol. 1

기술은 스마트하게 기억은 아케이드하게

밀런
신문 **김민구** 지음

BM 성안당

머리말

이런저런 개인적인 일들로 바쁠 때가 있다. 아침부터 밤까지 온종일 한 가지 일에만 몰두해야 하는 그런 일들 말이다. 그런 와중에도 잠들기 전에 반드시 씻어야 하는 사람이 있고, 반드시 잠옷으로 갈아입어야 침대에 눕는 사람이 있고, 반드시 화장을 지우고 다음 날 아침 입고 나갈 옷과 준비물을 미리 챙겨야 하는 사람이 있다. 반면, 피곤하다는 이유로 그냥 잠드는 사람도 있다. 그런데 묘하게도 이런 사람들이 잠들기 전 공통적으로 하는 행동이 있다. 분명 피곤하고 금방이라도 쓰러질 것만 같았는데, 막상 침대에 눕고 나면, 괜히 스마트폰을 보며 유튜브, 틱톡, 인스타그램, 카카오톡, 네이버, 쇼핑 앱, 내일 날씨까지 그냥저냥 보게 된다는 점이다. 문제는 이와 같은 일련의 과정이 신문과 책을 대신할 만큼 많은 양의 정보를 습득하고 있다고 착각한다는 것이다.

필자 역시 바쁠 때가 있다. 필명인 '밀린신문'처럼 그날 신문을 다음 날에 보게 되는 경우가 종종 있다. 신문은 다음 날에 보면 되지만 하루 동안만 노출되고 다음 날이면 다른 기사에 묻혀 찾기 힘든 알토란 같은 인터넷 기사의 경우 아깝다는 생각이 든다. 최신 트렌드와 관련된 사례를 다룬 기사라면 더더욱 그렇다. 이 때문에 그와 같은 기사를 자주 취재하는 언론사와 기자의 기사를 별도로 관리하면서 수시로 확인한다.

'요즘지식'은 그런 책이다. 그냥저냥 스마트폰을 보면서 접했던 기사와 키워드를 깊이 있게 습득하지 못한 이들을 위해 필자 나름의 방식으로 집필했다. 파트 1에는 과거와 달리 어떻게 변해가고 있는지 먼저 알아야 하는 '변화'와 관련된 내용을 담았고, 파트 2에는 이 같은 변화가 현대 기술과 맞물려 어떻게 '연결'되는지에 대한 내용을 담았다. 파트 3의 경우, 필자의 사심 가득한 상상력을 발휘해 미래 가능 비즈니스에 대한 내용을 담았다. 아끼고 아껴둔 아이디어가 파트 3에 많이 반영됐다. 파트 4에서는 너무 익숙해서, 너무 당연하다고 생각해서 놓친 내용을 '발견'이라는 주제로 담았고, 마지막 파트 5에서는 그래서 앞으로 어떻게 대비할 것인지에 대한 필자 나름의 '대안'을 제시했다. 사실 가장 다루기 어려운 파트가 '대안'이었다.

필자의 글은 30% 팩트, 30% 예견, 30% 상상, 5% 거짓과 5% 실수로 구성됐다. 무엇이 상상이고, 거짓이고, 실수인지 구분하기 어렵지만, 어제의 거짓이 오늘은 진실일 수 있고, 오늘의 상상이 내일은 현실이 된다고 굳게 믿고 있다.

주된 소재는 4차 산업혁명에서 자주 언급되는 주제와 키워드다. 필자는 기술이 세상의 변화를 이끌어 갈 것이라고 굳게 믿고 있다. 이 책을 읽는 독자는 반드시 유사한 주제와 키워드의 기사 혹은 내용을 비교하길 바란다. 중요한 것은 정보 습득 그 자체가 아니라 같은 정보를 바라보는 다양한 사람들의 생각을 파악하는 것이다. 그것이 바로 요즘 필요한 요즘 지식의 흐름이다.

밀린
신문 김 민 구

차
례

PART
1

기술 친화적 변화에서 생활 친화적 변화로 가다

PART 4

불가능한 융합에서 가능성을 발견하다

아케이드식 대안을 제시하다

요즘
지식

누군가는 컴퓨터의 크기를 보며 기술을 논하고,
누군가는 컴퓨터가 놓일 위치를 보며 미래를 논한다.

기술 친화적 변화에서
생활 친화적 변화로
가다

1

소통의 가치가
자동차로 옮겨가고 있다

시시콜콜 애니콜, 시시때때 아이폰 ▼

시시콜콜, 시시때때

애플의 아이폰과 삼성의 애니콜이 가진 가장 큰 차이는 뭘까? 물론 기술적인 차이는 많다. 그렇지만 아직도 명확하게 답변할 수는 없다. 필자가 설명할 수 있는 것은 '기술이 가진 네트워크 효과' 정도다. 그 이야기를 잠깐 하고자 한다.

필자는 애니콜 휴대폰 세대다. 걸면 걸리는 현대 걸리버 휴대폰보다 어디서든 걸면 걸리는 애니콜을 주로 사용했다. 2007년 아이폰의 탄생 소식도 애니콜에 대한 믿음을 저버리지는 못했다. 아이폰의 국내 출시 이후 한참이 지나고 사용자들의 후기까지 세심하게 검토한 후에야 아이폰으로 갈아탔다. 아이폰을 사용하게 된 후 주변인들이 추천하는 카카오톡과 유튜브, 페이스북, 트위터, 네이버 앱을 설치하고, 이들 앱을 모두 사용하고 난 후에야 '어디서든 걸면 걸리는' 전화기에서 '언제 어디서든 무엇을 어떻게 보고 듣는' 전화기로 개념을 달리하게 됐다. 다시 말해, 시시때때로 밀어서 잠금 해제하는 행동이 많아지면서 이전에 사용했던 휴대폰이 시시콜콜하게 느껴지기 시작한 것이다.

✖ 애니콜, 아이폰

전화기는 그런 것이다. 혼자만 사용하는 전화기는 존재하지 않을뿐더러 그 가치 또한 인정받지 못한다. 하지만 두 명 이상 전화기를 갖게 되면 전화기로서의 가치가 증명된다. 수백, 수천 명이 전화기를 갖게 되면 그때는 전화기의 가치가 아닌 사람 간의 네트워크 가치가 증명된다. 그저 상대방의 목소리만 전달했을 뿐인데 말이다. 그런 측면에서 아이폰은 음성과 글, 그림, 사진, 동영상, 실시간 라이브를 통해 읽고, 보고, 듣고, 말하는 모든 것을 전달하는 수

단으로서 기대 이상의 가치까지 네트워크에 참여한 모두에게 전달하고 있다. 주변인들이 추천했던 카카오톡, 유튜브, 페이스북, 트위터, 네이버 등이 전달 수단에 특화된 앱에 해당한다.

이제 우리는 새로운 전달의 가치를 지닌 것들을 맞이할 준비를 해야 한다. 커넥티드카와 가상현실(VR)이 바로 그것이다. 사람들은 새로운 것을 좋아한다. 익숙한 공간, 익숙한 기기에서 새로운 뭔가가 등장하면 더더욱 좋아한다. 마치 결혼 생활 10년 후 연애시절처럼 긴 생머리와 원피스, 한 듯 안 한 듯한 메이크업 그리고 하이힐까지 화려하게 변신한 후에 등장하는 아내의 아우라 같은 것이다.

지금의 자동차가 피처폰이라면 커넥티드카는 아이폰에 비유할 수 있다. 전달의 가치가 스마트폰에서 자동차로 옮겨가고 있다고 생각하면 된다. 자동차들끼리 서로 정보를 공유하면서 사고의 위험을 줄이고, 교통 혼잡도를 줄이고, 탄소 배출도 줄이는 것이다.

가상현실의 경우, 완전히 새로운 전달의 가치를 지니고 있다고 볼 수 있다. 상상했던 모든 것을 가상현실에서 얼마든지 경험할 수 있기 때문이다. 물론 모두가 VR 헤드셋을 보유하게 되면 상상 이상의

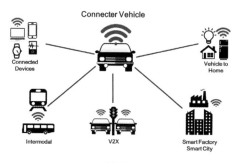

✖ 커넥티드카

가치, 사회적 상호작용과 관련된 비즈니스의 무한 확장까지 기대할 수 있다.

사람마다 각기 다른 전달의 가치를 지녔다. 어떤 이는 노래, 어떤 이는 편지, 어떤 이는 춤으로 전달하는 것처럼 말이다. 단지 많은 사람이 지금 자신이 가진 전달의 가치를 깨닫지 못하고 있을 뿐이다. '기술이 가진 네트워크 효과'는 바로 그런 것이다. 이와 같은 사람의 가치를 기술로 표현해내는 데 도움을 준다. 결국 기술은 사람을 향한다. '사람은 책을 만들고, 책은 사람을 만든다.'고 했다. 기술 역시 그렇다.

이제 우리는 기술의 흐름을 읽을 줄 알아야 한다. 그래야만 네트워크를 활용한 전달의 진정한 가치를 깨달을 수 있을 테니 말이다.

2

닭다리에
만보기가 달렸다

많이 놀아본 '계(鷄)'가 비싸다 ▼

많이 뛴 팀이 이겼다

지난 '2018 러시아 월드컵'에서 한국 축구 대표팀은 세계 최강 독일 축구 대표팀을 2대0으로 물리쳤다. 전문가들은 한국 선수들이 훨씬 많이 뛰었다는 분석을 내놓았다. 데이터가 이를 증명한다. 한국팀은 볼 점유율과 슈팅 등 각종 지표에서 독일 팀에 모두 뒤졌지만, 유일하게 '뛴 거리'에서 만큼은 앞섰다. 1차전 상대 스웨덴과의 경기에서는 103km, 2차전 상대 멕시코와의 경기에서는 99km를 뛰었지만, 독일전에서는 무려 118km를 뛰었다. 독일 선수들보다 3km를 더 뛴 셈이다.

이와 같은 데이터를 수집하는 데에는 크게 두 가지 방법이 있다. 축구공과 축구화에 칩을 삽입하는 방법과 영상 분석을 통해 볼 점유율과 선수들의 이동거리를 측정하는 방법이다. 현재는 후자의 방법이 많이 쓰이고 있다. 기술의 발전이 무형의 움직임을 수치화시켜 실력 향상, 스포츠 발전에 크게 기여하고 있다.

닭의 이동거리가 수치화됐다

다른 선수보다 많이 뛸 수 있고, 실제로도 많이 뛰는 스포츠 선수는 몸값도 비싸다. 스포츠만 그럴까? 최근 중국에서는 많이 뛰어다닌 닭의 가격이 보통 닭보다 3배 이상 비싸게 팔린다. 그마저도 없어서 못 판다. 가둬두고 키우는 닭이 아닌 방목해서 건강하게 자란 닭이 그렇다. 보통의 방목과 다른 점이 있다면, 닭의 발에 만보기를 채웠다는 점이다. 닭의 발에 만보기라…. 엉뚱하게 들릴 수도 있겠지만, 그 취지가 기발하다.

시작은 중국 2위 전자상거래 업체 징둥(JD.com)이다. 징둥은 중국 정부로부터 지정된 빈곤 마을에 일자리를 부여하고 사회적 가치를 실현하기 위해 무상으로 닭을 제공하고, 위탁해 키웠다. 일명,  파오뿌지(跑步鸡), 우리말로 하면 '치킨런 프로젝트'다.

출처: Ecns

✖ 파오뿌지

일반적인 중국 양계 농장의 닭들은 생장 주기가 50일 정도에 불과하고, 그마저도 반경 3미터 안에서 평생을 보낸다. 하지만 징둥의 '치킨런 프로젝트'의 닭들은 건강하고 위생적인 성장 환경을 위해 양계장 주변에 CCTV를 설치하고, 1주일에 절반 이상은 과일과 채소들로 구성된 영양식을 제공하며 사육장마다 일정한 비율의 어미 닭을 배치해 꼼꼼하게 관리, 감독한다. 또한 생장 주기가 160일 이상으로 일반 닭의 3배가 넘고, 무게도 1.8~2.5kg에 달한다.

이렇게 위탁을 통해 공급받은 닭은 모든 사육 과정을 소비자가 볼 수 있도록 하고(천리안 프로젝트) 블록체인 기술을 통해 원산지를 확인할 수 있도록 함으로써 자체 유통망을 통해 판매했다. 건강한 먹거리에 대한 수요가 큰 만큼 상품성이 있다는 판단이다. 그렇게 관리됐다고 해서 모든 닭을 매입하지는 않는다. 다음과 같은 조건을 내걸었다.

'100만 보 이상 달린 닭만 매입합니다. 그 대신 가격은 현지 시세의 3배인 100위안(한화 약 16,400원)'

그래서 닭의 발에 만보기를 달았던 것이다. 반응은 대단했다. 빈곤 가구 1,000여 곳 이상이 참여했고, 이들로부터 키워진 100만 보 이상 달린 5,000마리의 닭은 168

✖ 만보기 달린 닭

위안(한화 약 27,000원)이라는 비싼 가격에도 순식간에 팔려나갔다. 값싸고, 짧은 기간 동안 키워진 닭보다 건강하고, 투명하게 관리된 닭이 훨씬 경쟁력 있다는 방증이다. 닭다리에 만보기만 달았을 뿐인데 빈곤한 마을도 살리고 믿을 수 있고 품질도 좋은 닭을 키워내는 효과를 가져왔다.

만보기 인증

그 어떤 식품 안전 인증보다 '100만 보 이상 달린 닭' 인증이 소비자에게 더 가깝게 다가갔다. 이런 식이라면 방목이 가능한 다른 가축에도 적용할 수 있다. 필자는 자연 방목으로 키워진 가축의 가공식품을 오랫동안 사용해왔다. 첫째 딸과 둘째 아들을 키우면서 시중에서 판매되는 가장 비싼 분유를 구매했다. 바로 '일동 후디스 산양 분유'다. 두 아이를 키우면서 알게 된 특이한 사실은 대형 마트 판매대에는 산양 분유가 진열돼 있지 않다는 것이다. 너무 인기가 많아 인포메이션 데스크에서 구매해야 한다. 가격은 10g당 평균 500~550원 정도다. 분유 한 스푼에 보통 5g이 채워지고, 40mL의 물을 채워야 한다. 내 아이가 200mL의 분유를 먹으면 약 1,300~1,400원이 드는 것이다. 그마저도 아이가 40mL 정도 남길 때면, 아까운 마음에 그만…(독자의 상상에 맡긴다). 자연 방목으로 키워진 제품의 가치가 이미 산모들 사이에선 오래전부터 인정받아왔던 셈이다. 뉴질랜드 산양의 발에 만보기를 채운다면 과연 어느 정도의 수치가 나올까? 아무리 위생적인 환경에서 잘 관리돼 생산된 분유라 하더라도 자연 그대로의 환경에서 자란 산양의 분유보다는 못할 것이다.

어쩌면 앞으로 우리가 마시는 우유나 치즈, 달걀, 삼계탕, 삼겹살, 족발, 안심, 등심, 대창 등 다양한 식품에 '만보기 인증'이 보편화될지 모른다.

'100만 보 걸은 토종 한우'

'100만 보 걸은 흑돼지'

'100만 보 달린 닭의 달걀, 삼계탕'

조엘농장

실제로 이와 비슷한 농장이 존재한다. 미국의 조엘농장이다. 방식은 이렇다. 일정한 구역을 나눠 소를 방목하고, 낮은 전압이 흐르는 전선으로 구역을 구분한다. 구역을 나누는 이유는 풀이 자라는 시간을 충분히 주기 위해서다. 소의 방목이 끝나면 3일 후 같은 구역에 닭을 방목한다. 3일이 지나면 소의 배설물에서 벌레가 생기기 때문이다. 그 벌레들을 발로 파헤쳐 쪼아 먹으면서 단백질을 공급받고, 닭발에 의해 파헤쳐진 배설물은 다시 풀이 잘 자라기 위한 자양분이 된다. 그렇게 생산된 소와 닭, 달걀은 조엘농장이라는 브랜드로 직접 판매되고, 고급 레스토랑에서는 조엘농장 브랜드의 메뉴가 별도로 제공될 정도다. 닭의 이동거리가 수치화되지 않을 뿐, 선순환 방식으로 자연 이상의 환경을 만들었다고 볼 수 있다. 조엘농장에서 방목되는 가축들의 발에 만보기를 달아보고 싶어진다.

출처: 폴리페이스 인스타그램

✖ 조엘농장 폴리페이스

건강 관리 앱 사용자의 정보가 보험사에 제공되면 할인 혜택이 주어진다. 꾸준히 운동하면서 건강을 관리하는 이들이 그렇지 않은 사람들보다 보험 지급률이 낮기 때문이다. 건강 관리 앱은 그 근거를 제시해주는 셈이다. 그렇다. 닭에게 건강 관리 앱의 역할을 만보기가 대신해주는 격이다. 정리해보면, 기술의 발달이 고부가 가치의 상품을 창출함으로써 보다 많은 일자리를 만들어냈다고도 볼 수 있다. 중국의 이와 같은 변화를 닭의 만보기라 생각하고 대한민국 발전의 발목을 잡는 '규제'에 채웠으면 한다. '규제' 때문에 100만 보를 채우기가 너무도 어려운 현실이다.

3

스마트 패셔니스타는
오래 산다

패션은 테크, 데이터는 스타일 ▼

시그널 보내

"마음에 들면 달콤한 바닐라 라떼를 주문하고, 마음에 들지 않으면 아메리카노를 주문해. 정말 마음에 안 들면 에스프레소를 주문해! 알겠지?"

소개팅을 주선한 친구와 소개팅남은 그렇게 둘만의 신호를 정했다. 잠시 후 소개팅녀가 카페의 문을 열고 등장했다. 흰색 셔츠와 스키니진, 줄무늬스카프로 코디한 소개팅녀가 긴 생머리를 귀 뒤로

넘기며 걸어오자 주선자는 반갑게 인사를 건네며 자리로 안내했다. 소개팅녀가 자리에 앉기도 전에 소개팅남의 머릿속은 '바닐라 라떼, 바닐라 라떼'를 연신 외쳐대고 있었다. 가볍게 인사를 나눈 후 주선자는 대신 커피 주문을 받아줬고, 소개팅녀는 '아메리카노', 소개팅남은 '바닐라 라떼'를 주문했다. 문득 소개팅녀도 주선자와 사전에 신호를 주고받은 것은 아닌지 의구심이 들었지만, '대다수는 아메리카노를 좋아하니까'라며 스스로를 안심시켰다.

잠시 후 주선자는 주문한 커피를 들고 왔다. 커피를 건네받으며 잠시 소개팅녀와 눈이 마주쳤는데, 심장이 두근두근 입술이 바짝 마르면서 이후로는 제대로 눈을 마주칠 수 없었다. 한참 서로 대화를 나누고 있을 때쯤 극소량의 커피가 빨대에 빨리는 소리가 들렸고, 컵에는 얼음만 남아 있었다. 그때였다. 분명 소개팅녀의 셔츠는 흰색이었는데, 빨대를 빠는 소리에 정신을 차려보니 셔츠의 색상이 미묘하게 파란색으로 변해 있었고, 줄무늬스카프의 줄무늬도 조금씩 바뀌고 있었다. 미모에 정신을 잃은 것인지 파란색 옷과 함께 세탁하는 바람에 변색된 것인지 도통 알 수 없었지만, 흰색과는 다소 거리가 있어 보이는 색상임에는 분명했다. 그렇게 소개팅이 끝나고, 다음 만남을 기약하며 주선자를 통해 서로의 연락처를 주고받았다. 그날 저녁 소개팅남은 톡을 보냈지만, 답장은 없었다. 주선자와 통화하며 알게 된 사실은 충격적이었다.

소개팅녀가 소개팅에 입고 왔던 셔츠는 기분이나 상황에 따라 색상이 바뀌는 옷이었다는 것이다. 미모에 정신이 팔려 셔츠의 색상이 달라 보였던 게 아니었다. 그렇다면 소개팅남을 만나고, 대화를 나누면서 어떤 기분이었길래 흰색 셔츠가 파란색으로 변한 것일까? 확인 결과 파란색은 소개팅남의 '아메리카노'와 같은 의미였다. 그래도 '에스프레소'가 아닌 게 어딘가. 줄무늬스카프 역시 최첨단 소재였다. 시간이나 목적지를 설정하면 분 단위로 줄무늬 색상이 바뀌는 스카프였던 것이다. 그 의미는 주선자에게 소개팅을 빨리 끝내자는 신호로 해석할 수 있다.

스마트 패션, '에브'

소개팅녀의 패션에는 '에브(ebb)' 기술이 적용됐다. 이는 구글과 UC 버클리 연구진이 공동 개발한 기술로, 옷감의 색상이 자유자재로 바뀌는 스마트 소재다. 기분에 따라, 상황에 따라 원하는 색상으로 바꿀 수 있다면 다양한 패션 연출이 가능해진다. 특히 스카프의 경우, 선물용으로 인기가 높을 것으로 예상된다.

스마트 패션에 스마트 보석, 스마트 액세서리까지 겸비한다면 어떨까? '스와로브스키(보석 브랜드)'는 일일 활동량과 수면 정보를 스마트폰 앱으로 전송할 수 있는 목걸이와 팔찌를 개발했다. '스와로브스키 크리스털'에 센서를 적용한 것이다. 마치 '미밴드(샤오미 스마트워치)'가 목걸이와 팔찌로 고급스럽게 변신한 느낌이다.

출처: Design Indaba

✖ 스마트 패션, '에브'

결국, 스마트 패션은 다양한 콘셉트로 코디할 수 있다는 점에서 굉장히 매력적인 기술임이 분명하다. 벌써부터 인스타그램에 업로드될 패션 피플의 작품들이 기대된다. 한편으로 드는 생각은 스마트 패션 선구자들은 건강하게 오래 살 것 같다는 점이다. 스마트 패션에서 축적되는 데이터가 꾸준히 건강 관리에 활용될 수 있기 때문이다. 쉽게 말해, 소개팅녀가 소개팅남보다 오래 살 가능성이 크다는 이야기다. 이와 같은 데이터가 많이 제공될수록 의사는 정확도가 높은 진단을 내릴 가능성이 커진다. 이제부터라도 돈을 많이 벌거나 모아야 한다. 스마트 패션 관련 신상품은 항상 비쌀 테니 말이다.

4

돼지 얼굴을 촬영하면
비용이 절감된다

보험과 기술이 만나 '인슈어테크'가 됐다 ▼

금돼지 은돼지

어느 날 애지중지 키운 돼
지 100마리를 이끌고 산으로
향하던 소년이 잠시 계곡에
멈춰 쉬어 가려던 차에 돼지

한 마리가 계곡 깊숙이 빠져버렸다. 어쩔 줄 몰라 우왕좌왕하던 소
년은 계곡에서 허우적대며 힘들어하는 돼지를 보며 어떻게든 구해
보려 했지만 역부족이었다. 바로 그때 하얀 연기 내뿜으며 갑자기
산신령이 나타났다.

산신령은 소년을 보며 물었다.

"이 금돼지가 니 돼지냐?"

소년은 대답했다.

"아닙니다."

그러자 산신령은 다른 돼지를 보여주며

"그럼, 이 은돼지가 니 돼지냐?"라고 다시 물었다.

그러자 소년은

"아닙니다."라고 대답했다.

세 번째 돼지를 안고 나타난 산신령은 다시 한번 물었다.

"그럼 이 돼지가 니 돼지냐?"

그러자 소년은

"네 그렇습니다. 아, 잠시만요. 죄송하지만 제 돼지가 맞는지 사실 잘 모르겠습니다."라고 대답했다.

오랫동안 함께한 반려동물이었다면, 이름도 짓고, 부르면 반갑게 꼬리를 흔들며 달려왔겠지만 돼지는 그렇지 못했다. 정황상 소년의 돼지가 맞다고 볼 수 있지만, 확실한 근거는 없었다. 그러나 산신령은 별일 아니라는 듯한 표정을 지어 보였다. 문득 스마트폰을 꺼내든 산신령은 보험 앱을 열어 보였다. 앱을 열고 촬영 모드로 바꾸더니 대뜸 돼지의 안면을 촬영하기 시작했다. 잠시 후 소년의 신분 확인을 거치더니 이 돼지가 소년의 돼지가 맞다는 사실이 확인됐다.

그랬다. 소년이 키우던 돼지 100마리는 과거 '돼지 콜레라'로 인해 큰 피해를 보고, 똑같은 피해에 대비하기 위해 한 마리 한 마리 안면을 촬영한 후 이미지 분석 알고리즘을 통해 보험회사에 정식으로 등록한 돼지들이었다.

소년의 거짓 없는 행동에 감동한 산신령은 금돼지, 은돼지도 건네주며 이렇게 말했다.

"돼지 보험, 핑안손해보험!"

인슈어테크(Insutech, Insurance+Technology)

물론 필자가 지어낸 이야기다. 하지만 돼지 안면 인식 기술만큼은 기억했으면 한다. 돼지 안면 인식 기술은 인공지능 카메라를 통해 돼지의 얼굴 위치와 윤곽, 다른 특징들을 찾아내 각각의 돼지 정보를 기록한다. 초창기에는 무리 지어 있는 개별 돼지의 안면 인식 정확도가 낮았지만, 새롭게 업그레이드된 버전의 경우 다지점 포지셔닝을 통해 98% 이상까지 정확도를 높였다고 한다.

이 기술을 사용하면 개체 정보 관리가 가능해 고효율의 생산 관리를 통해 비용 절감이 가능해진다. 또한 전염병으로 인해 발생하는 피해도 측정이 가능해져 보험에도 적용될 수 있다. 폐사한 돼지 사진만으로 해당 농가의 돼지인지를 확인해 보상 업무를 진행할 수 있기 때문에 보험사의 입장에서도 비용을 크게 아낄 수 있다. 그뿐

출처: zol.com

✖ 돼지 안면 인식

만 아니라 농장, 유통, 자동차에 이르기까지 다양한 분야에 적용할 수 있다. 고객이 찍어 보낸 자동차 사진만으로 차량 모델과 손상 부품을 인식해 차량 손상에 대한 견적을 단 몇 초 만에 낼 수 있다. 날로 향상되는 스마트폰 사양과 이미지 분석 기술이 만나 엄청난 시너지를 만들어내고 있는 것이다.

매년 성장하는 국내 반려동물 시장에 안면 인식 기술이 도입된다면 어떨까? 단순히 견종을 알려주는 수준에서 주인을 찾아주는 수준까지 가능해진다면, 1인 가구가 만드는 경제 구조에서 반려동물과 사람이 동일시되는 사회 구조와 문화가 만들어질 것이다.

5

사회 신용이
금융을 이긴다

나쁜 짓, 착한 짓 사회 신용으로 관리한다 ▼

나쁜 짓을 하면 사회 신용이 깎인다

대출이 불가합니다.

비행기 표 예매가 불가합니다.

호텔 숙박도 불가합니다.

1년간 대중교통 이용이 불가합니다.

기부하셨나요? 보너스 점수를 드립니다.

수상하셨나요? 보너스 점수를 드립니다.

좋은 조건에 대출이 가능합니다.

겨울 난방비를 할인받을 수 있습니다.

음주 운전하셨나요? 감점합니다.

무단 횡단하셨나요? 감점합니다.

사회 신용 점수가 낮아 대출이 어렵습니다.

몇 년 전 미국에서 일어난 일이다. 집 두 채가 불타고 있었다. 그런데 출동한 소방관은 둘 중 한 집에만 물을 뿌리며 진화 작업을 했다. 이유인즉, 다른 한 집은 지방세를 체납했던 것이다. 이 영상이 뉴스를 통해 보도되면서 체납됐던 지방세가 30% 가까이 걷혔다. 너무 했다는 의견도 있었지만, 인과응보라는 의견이 더 많았다. 지금 중국에서도 이와 같은 일이 합법적인 시스템에 의해 진행되고 있다. '사회 신용 시스템'이 바로 그것이다.

그 첫 번째가 블랙리스트 제도다. 사회에 나쁜 영향을 끼친 사람들 명단을 선별해 기업과 정부 기관이 공유하는 것이다. 블랙리스트에 오른 사람은 대출을 받을 수 없고, 비행기도 탈 수 없고, 호텔에 묵을 수도 없고, 대중교통도 6~12개월 동안 이용할 수 없다. 그야말로 나쁜 짓을 하면 창살 없는 감옥과 다름없는 삶을 살아야 한다.

출처: telecoms.com

✱ 중국 사회 신용 시스템

한 예로 중국의 한 도시는 모든 시민에게 기본 점수 1,000점을 부여하고, 사회에 이로운 행동을 하면 보너스 점수를 부여하고, 해로운 행동을 하면 감점하는 제도를 실행하고 있다. 음주 운전이나 무단 횡단하다 적발되면 교통 벌점이 아닌 사회 신용 벌점이 주어지는 것이다.

안면 인식 기술이 도시를 이롭게 한다

무단 횡단의 경우, 신호등 한편에 세워진 대형 스크린에 신상 정보와 함께 사진이 공개된다. 인공지능 카메라가 무단 횡단하는 사람의 얼굴을 인식해 공개적으로 망신을 주는 것이다. 당사자는 벌금을 내야만 해당 정보와 사진을 내릴 수 있다. 사람뿐만 아니라 불법 유턴하는 차량의 번호와 차주의 신상 정보도 스크린에 공개한다. 이를 통해 무단 횡단과 불법 유턴과 같은 위반 횟수가 70~80% 가까이 감소했다고 한다.

사회적 동물이라 말하는 사람들이 함께 모여 살다 보면 별별 일이 많이 발생한다. 특히 중범죄도 아니고 경범죄도 아닌 자질구레하거나 찌질한 몇

출처: Quartz 유튜브 영상 발췌

✖ 무단 횡단하는 사람의 신상을 스크린에 공개

몇 행동이 커피 향 가득한 카페에서 악취를 풍기게 한다. 이미 중국은 중범죄와 경범죄에 대한 시스템을 인공지능 카메라 기술과 정책으로 조금씩 완성해 나가고 있다. 이는 향후 10년 안에 자질구레한 행동까지 예방하는 효과를 가져다줄 것으로 기대되고 있다. 예를 들면, 술을 마시고 길거리에 있는 비둘기에게 밥을 주는 취객이나 노상방뇨, 껌, 침 그리고 반려견의 배설물을 처리하지 않고 도망치는 일명 '변 뺑소니' 사건까지 대처할 수 있게 되는 것이다.

결국, 사람과 기업의 행동을 수치화하고 통계를 통해 모니터링하고 관리하겠다는 것이다. 달리 표현하면, 감시하고 통제하겠다는 것이다. 기술을 통해 데이터를 수집하고, 이를 통해 정부의 능력이 증강되는 것이다. 이와 반대로 죄를 짓지 않고 떳떳하게 살고, 투명하게 경영하면서 사회 가치를 실현하면 그만큼의 보상을 받을 수도 있다. 과거, 금융은 제한적인 정보를 바탕으로 개인과 기업의 신용을 평가했고, 불투명하게 운영해왔다. 이제 금융에서만 제한적으로 사용됐던 신용이 사회적으로 활동 범위를 넓히게 될 것이고, 여기에 블록체인 기술이 도입되면서 보다 투명하게 사회 신용 시스템을 뒷받침해줄 것이다. 또한 이 시스템이 성공하면 주변국으로 급속히 퍼져나갈 것이다. 특히, 대한민국 공무원들의 벤치마킹 0순위가 될 것이고, 그에 맞춰 예산이 편성되면서 제도를 정착시키려 할 것이다. '변 뺑소니' 사건에 연관된 용의자의 개인 정보 보호법이 발목을 잡지만 않는다면 말이다.

반려견 반려봇

지은이 밀란
신문

꼬리치며 다가와 주인을 반긴다면, 그것은 반려견입니다.
두 발 들고 서서 안아달라며 다리를 긁는다면, 그것 역시 반려견입니다.

꼬리치며 다가와 주인에게 말을 건다면, 그것은 반려봇입니다.
두 발 들고 서서 안아달라고 부탁한다면, 그것 역시 반려봇입니다.

통조림 뚜껑 따는 소리에 반응한다면, 그것은 반려견입니다.
개껌 물고 저만치 달아나 먹는다면, 그것 역시 반려견입니다.

통조림 뚜껑 따는 소리에 날카로우니 조심하라 말한다면, 그것은 반려봇입니다.
개껌 물고 저만치 달아나 쓰레기통에 버린다면, 그것 역시 반려봇입니다.

반려견이 아프면 동물병원에 가지만,
반려봇이 아프면 서비스센터에 가야 합니다.

반려견은 의사가 진단하지만,
반려봇은 엔지니어가 진단합니다.

외롭고 슬플 때 위로가 되어준다면, 그것은 반려견입니다.
두 팔로 끌어안고 얼굴로 비볐을 때 체온이 느껴진다면, 그것 역시 반려견입니다.

외롭고 슬플 때 공감이 되어준다면, 그것은 반려봇입니다.
두 팔로 끌어안고 얼굴로 비볐을 때 체온이 느껴진다면,
가급적 빨리 서비스센터를 찾아가야 합니다.
팬 쿨러 고장으로 열기가 빠져나가지 못해 고장의 원인이 됩니다.

어쩌면 반려봇은 반려견의 실시간 통역사가 되어줄지 모릅니다.
머신러닝으로 학습된 반려봇의 능력이 인간과 동물의 관계를
더욱 친숙하게 만들어줄 날이 머지않았습니다.

해설 혹은 힌트

대한민국 세 가구 중 한 가구는 1인 가구라고 한다. 이들이 소비의 주체로 등장하면서 이른바 '일코노미'라는 신조어가 생겨났다. 혼자 생활하는 20~30대와 70대 이상 노년층이 증가하면서 반려동물 시장 또한 동반 성장하는 흐름을 보여왔다. 이 같은 현상을 '펫코노미'라고도 한다.

최근에는 손이 많이 가는 반려견·반려묘 대신 반려 로봇에 대한 관심이 높아지고 있다. 주먹만한 크기부터 대형견 정도의 크기까지 다양하며 서로 대화가 가능하고 쇼핑, 음악, 검색까지 가능한 인공지능 기술을 갖고 있는 점이 특징이다. 이미 일본에서는 작은 인형 크기의 로봇이 노인들의 반려봇 역할을 톡톡히 하고 있지만, 제한된 기능과 비싼 가격으로 크게 확산되지는 않고 있다. 하지만 최신 반려봇의 경우, 기능도 많고 가격도 저렴해지고 있다는 점에서 '일코노미', '펫코노미' 시장의 확산이 기대된다.

6

클래식 대신 핑크퐁이 들린다, VIB

아이가 대접받는 세상 ▼

핑크퐁 클래식이 흐른다

🎵 핑크퐁 '상어가족'

아기 상어 뚜 루루 뚜루
귀여운 뚜 루루 뚜루
바닷속 뚜 루루 뚜루 아기 상어!

엄마 상어 뚜 루루 뚜루
어여쁜 뚜 루루 뚜루 바닷속

✖ 핑크퐁 '상어가족'

출처: 핑크퐁 유튜브 채널

뚜 루루 뚜루 엄마 상어!

··· (중략) ···

신난다 뚜 루루 뚜루
신난다 뚜 루루 뚜루 춤을 춰 뚜 루루 뚜루 노래 끝!
오예!

분명 여기는 호텔인데, 분명 클래식 음악이 들리는 듯한데 자꾸만 '뚜 루루 뚜루' 멜로디가 귀에 맴돈다. 조식 뷔페 레스토랑 옆 테이블에서 VIP(Very Important Person)가 아닌 VIB(Very Important Baby)가 전용 베이비체어에 앉아 핑크퐁 '상어가족'을 시청하며 여유롭게 호텔식 이유식을 즐기고 있다. 주변 눈치 따윈 보지 않는다. 앞뒤 테이블에서도 VIB가 '캐리'와 '뽀로로'를 시청 중이다. 잔잔한 클래식 음악 따위는 최신 동요에 묻힌 지 오래다.

호텔 룸은 스위트 룸도 럭셔리 룸도 아닌 '꼬마버스 타요' 캐릭터 룸이다. 침대는 '꼬마버스 타요'를 개조한 듯한 이층 침대의 모습이고, 침대 옆에는 미끄럼틀이 설치돼 있다. 상하 좌우 모든 벽지에 타요 친구들의 모습이 환하게 웃으며 반긴다. 타요 인형, 타요 장난감, 타요 동화책, 타요 칫솔, 타요 치약, 타요 비누, 타요 샴푸, 타요 타월까지 온통 캐릭터로 가득한 우리 아이 맞춤식 호텔 룸이다.

그뿐일까? 카카오 캐릭터, 라인 캐릭터, 시크릿쥬쥬, 터닝메카드, 신비아파트, 또봇, 콩순이, 코코몽, 뽀로로, 피카츄, 라바, 헬로키티 캐릭터 룸까지 아이들을 위한 맞춤식 호텔로 변신하고 있다.

고급 숙박에서 특화된 숙박으로

필자의 아내 역시 고급 호텔보다 아이가 좋아하는 캐릭터 호텔 룸을 선호한다. 같은 가격대라면 캐릭터와 풀장, 이유식이 제공되는 호텔의 조식을 찾는다. 이유식 제공이 뭐 별것인가 생각할 수도 있겠지만, 대단히 큰 선택의 기준이 되기도 한다. 만약 이유식이 제공되지 않는다면, 매 끼니에 맞춰 이유식을 포장해야 하고, 호텔로 이동하기까지 차갑게 유지해야 하고, 전자레인지가 없는 호텔 룸에서 전기주전자에 물을 데워 중탕해야 하는 등 이래저래 손이 많이 간다. 또 대다수 아이들은 물을 좋아한다. 아이의 수영복 말고는 별도의 준비물 없이 수영장을 찾아도 불편함이 없다. 유아용, 아동용 구명조끼가 제공되고, 유아 풀과 아동 풀, 깨끗한 수질 관리와 타월

출처: 롯데호텔 공식 블로그

✳ 라바 캐릭터 룸

이 무한정 제공된다는 점도 매력이다. 거기에 아이가 좋아하는 캐릭터의 방을 매번 바꿔가며 숙박할 수 있다. 추가로 아이가 침대에서 떨어지는 것에 대비해 무료 침대 가드가 설치되고, 젖병 소독기에 유모차까지 무상으로 제공된다. 그야말로 아이가 대접받는 세상이다.

VID(Very Important Dog), VIS(Very Important Single)

'강한 자가 오래 가는 것이 아니라 변화에 잘 적응하는 자가 오래 간다.'고 했다. 호텔은 그렇게 변화에 적응하고 있다. 5세 미만의 자녀를 둔 가정이라면 'VIB'로 고객 분류가 이뤄진다. 그렇다면 'VID'와 'VIS'는 어떨까?

대한민국 전체 가구 중 3분의 1이 혼자 사는 가구라는 통계가 있다. 1인 가구의 증가가 새로운 소비층으로 떠오르고 있는 것이다. 실제 이들 중 주 소비층의 소비 규모가 3~4인 가구에 버금가는 것으로 분석되기도 했다. 혼자서 한 달에 200~350만 원을 쓴다는 이야기다. 그중 10% 정도가 반려동물을 위한 소비였다. 반려동물을 통해 혼자 사는 외로움을 달랜다고 볼 수 있다. 키우는 동물이 아니라 함께 사는 형제 혹은 가족의 개념으로 받아들이는 것이다. 이는 곧, 1인 가구의 증가에 따라 반려동물 시장도 확대되고 있다는 방증이기도 하다. 요즘 용어로 '일코노미(1인 가구와 이코노미의 합성어)'와

'펫코노미(반려동물과 이코노미의 합성어)'라 부르기도 한다.

반려동물에 대한 무한 애정을 갖는 1인 가구의 마음이 부모의 마음과 같지 않을까 생각해보게 된다. 좋은 것만 먹이고 싶고, 좋은 곳에서 재워주고 싶고, 예쁜 옷만 입혀주고 싶고, 안아주고, 뽀뽀하고, 씻겨주고, 말려주면서 사진을 찍고, 이를 공유하며 자랑하고 싶고…. 그런 측면에서 호텔 서비스의 새로운 방향을 모색하게 된다.

'VIP'가 'VIB'가 되고, 다시 'VID'에서 'VIS'가 되고…. 사실 'VID(Very Important Dog)'와 'VIS(Very Important Single)'는 필자가 만들어낸 용어다. 단지, 지금과 같은 변화가 향후 그렇게 흐를 수도 있겠다는 작은 가능성을 제시한 것이다.

과거에는 변화된 사회 구조에 따라 기술이 완성됐지만, 요즘의 분위기를 보면 발달한 기술에 따라 사회 구조가 변화되는 듯하다. '맥세권'이라는 신조어가 부동산 앱의 출시 이후에 만들어진 것처럼 말이다. 기술 변화에 적응하기 어렵다면, 새로 생겨나는 신조어에 관심을 가졌으면 한다. 그마저도 어렵다면, 본인만의 신조어를 직접 만들어보는 것도 나쁘지 않다.

BoT(사물배터리) 시대, 전기 도둑이 늘고 있다

QR코드 충전인프라가 필요하다 ▼

전기차 거지, 메뚜기 충전족

기둥에 기대 노트북이나
스마트 기기를 보는 여행객
이 많아졌다. 앞쪽 기둥에
도 뒤쪽 기둥에도 온통 스마
트 기기를 충전하며 시간을

✖ 몰래 자동차 충전하는 사람이 늘고 있다

보낸다. 소중한 내 물건을 누가 훔쳐 가면 어쩌나 노심초사하며 마
냥 기대어 배터리가 완충되기만을 기다린다. 그래도 공항에서 충전
하면 합법이다. 사전에 항공권과 공항 사용료를 결제했기 때문이다.

문제는 충전이 필요한 스마트 기기와 자동차, 퍼스널 모빌리티 (Personal Mobility: 전동 킥보드, 전동 자전거, 전동 스케이트보드, 세그웨이), 드론, 휴대용 배터리 등의 사용 증가로 불법으로 충전을 일삼는 일들이 많아졌다는 것이다.

밤에 몰래 옆 건물, 옆 아파트에 주차한 후에 밤새 충전하는 '전기차 거지'가 생겨났고, 집에서 충전해야 할 개인 노트북이나 태블릿 PC, 보조 배터리, 심지어 전기면도기까지 사무실과 공공장소에서 충전하는 '메뚜기 충전족'이 생겨났다. 그뿐만 아니라 화장실 변기에 앉아 비데 콘센트를 뽑고 스마트폰을 충전하며 용변을 보는 이들이 떠날 땐 비데 콘센트를 꽂지 않고 그대로 나가버리는 일들도 빈번히 일어난다. 밤이 되면 일명 '킥대리'들의 전기 절도는 과감해진다. 24시간 커피숍에서 주문하지도 않고 시원한 에어컨 바람을 맞으며 스마트폰을 충전하고, 그것도 모자라 전동 킥보드를 멀티탭과 연결해 도둑 충전을 일삼는다. 24시간 인형 뽑기 방이나 스티커 방과 같이 무인 판매 시설에서도 마찬가지다. 여기서 말하는 '킥대리'는 전동 킥보드를 타고 대리운전 콜을 받아 이동하는 대리기사를 말한다. 구보로 이동하기에는 다소 무리가 있는 3~7km 정도의 거리를 차량이 많지 않은 심야 시간에 활용하면 10~15분 이내에 이동할 수 있다. 고객 차량의 트렁크에 전동 킥보드를 싣고 이동할 수 있고, 하루 최대 5만 원까지 비용을 아낄 수 있다는 장점 때문에 위험을 무릅쓰고 전동 킥보드를 사용하는 '킥대리'가 많아졌다.

BoT, 충전 인프라가 필요해

앞으로 이런 일들이 줄
어들 가능성은 적어 보인
다. 충전이 필요한 사물 배
터리(BoT: Battery of Things) 시
대가 도래했기 때문이다.
앞서 언급한 모든 내용이

✱ 사물배터리

사물 배터리 시대에 떠안아야 할 과제들이다. 관련 기술 개발은 활
발하게 진행 중이다. 세계 각국에서 더 가볍고, 더 작고, 더 빨리
충전되고, 더 오래 사용할 수 있는 충전 가능 배터리 개발이 진행
중이다. 잘 개발한 좋은 기기를 제대로 활용하려면, 시간과 장소에
구애받지 않고 충전할 수 있는 인프라가 시급하다. 인프라의 구축
이 늦어질수록 전기 도둑의 수는 세대 구분 없이 증가할 것이기 때
문이다.

QR코드 커버

사무실과 공공장소에서의 전기 사용은 유료 결제가 필요한 시설
로 바뀔 것이다. 원격 잠금장치가 달린 커버에 QR코드가 부착돼 있
다면 좋은 대안이 될 수 있다. 카카오페이 앱을 열어 커버에 부착된

QR코드를 찍고 사용한 시간만큼 비용을 내면 된다.

매년 여름이면 지구 온난화 문제가 거론되고, 친환경 자동차와 소 없는 소고기, 돼지 없는 돼지고기, 닭 없는 닭고기와 같은 '푸드 테크'에 대한 필요성이 부각된다. 매년 최고 기온이 경신되고, 그에 따라 최대 전기 사용량도 경신된다. 화석 연료를 사용하는 발전소는 더 지을 수 없고, 강렬한 태양도 바람도 드물어 신재생 에너지 효과는 미미하고, 위험하다는 이유로 원자력 발전소의 가동도 어렵다. 이제 남은 건, 전기료 상승뿐이다.

✻ QR코드가 부착된 콘센트 커버 예시

그렇기 때문에 더더욱 빨리 유료 결제가 가능한 충전 인프라가 갖춰져야 한다. 제값을 내고, 합법적으로 충전해야 하는 것이 맞지만, 이보다 중요한 부분이 있다. 그렇게 해서 관련 데이터를 하루라도 빨리 확보해야 한다. 그래야만 적재적소에 필요한 만큼의 전력 사용을 유도할 수 있다. 가정에서 사용하는 전력 사용량에 대한 데이터는 가졌지만, BoT 시대에 걸맞은 데이터 확보가 필요한 시점이기 때문이다.

일본에서는 '전기차 거지', '메뚜기 충전족'과 같은 전기 도둑을 '덴키 도로보'라고 한다. 일본에도 '킥대리'가 있는지 궁금하기도 하지만 한국형 충전 인프라가 빨리 자리 잡는다면 글로벌 경쟁력까지 갖출 수 있지 않을까 하는 기대를 해본다. 블록체인 기술을 활용한 '에너지 프로슈머' 계획에 한국형 충전 인프라까지 추가되면 더할 나위가 없을 것이다.

　지금 우리가 가진 사물 배터리가 어디에, 어떻게, 얼마나 쓰이고 있는지를 구체적으로 알아야 한다. 전기 사용을 아끼는 만큼 전기료도 아낄 수 있지만, 전기 사용을 아는 만큼 전기료를 벌어들일 수 있다는 사실을 절대 잊어서는 안 된다.

8

클라우드 키친,
우버식 푸드코트

> **공유 주방이 가져올 변화** ▼

우버식 푸드코트

분명 자동차가 없는데 자동차 사업으로 세계 최고가 됐다. 인기 스타의 콘서트가 끝나자 한꺼번에 수천 명이 몰려나와 택시를 잡는 것도 무리 없이 소화한다. 택시 수요가 많지 않은 점심 시간대에 승객이 아닌 음식을 배달하고, 약을 배달하고, 생필품까지 배달한다. 이제는 자동차를 넘어 자전거, 오토바이 심지어 전동 킥보드, 인라인 스케이트까지, 빠른 배송이 가능하다면 무엇이든 가리지 않는다. 날아다니는 드론에 사람과 피자를 싣겠다고 하고, 운전자 없는 자율주행 차량에 모든 것을 싣겠다고 한다. 우버는 그런 회사다.

최근 한국에 공유 경제라는 용어를 만들어낸 우버의 창업자 트래비스 캘러닉이 방한했다. 차량을 공유했던 노하우를 바탕으로 주방을 공유하겠다는 신사업 아이템을 들고 말이다. 일명, '클라우드 키친(Cloud Kitchen)'이다. 공유 차량에서 파생된 공유 주방 정도로 이해하면 된다. 사업 내용은 이렇다. 빌딩을 매입해 전체를 주방으로 꾸미고, 이곳에 미쉐린 별점을 받은 레스토랑과 개성 있는 레스토랑의 주방을 입점시켜 음식 배달 서비스를 제공하는 사업이다. 쉽게 말해, 푸드 코트와 배달의민족, 퀵 서비스가 합쳐진 사업 아이템 정도로 생각하면 된다.

출처: Joshua H. via Yelp, Forbes, Pixabay

✖ 우버 창업자 트래비스 캘러닉의 클라우드 키친

이미 미국 로스앤젤레스에 1호점을 오픈하고, 한국에 2호점을 오픈하겠다는 계획이다. 한국이 배달 앱을 활용한 음식 배달이 활발하고, 24시간 365일 운영이 가능할 만큼 시장이 형성된 것이 한국을 아시아의 거점으로 선택한 이유이기도 하다. '클라우드 키친' 사업의 강점은 초기 비용과 시간, 투자 위험이 대폭 줄어든다는 점이다. 일단, 식당 인테리어나 홀에 필요한 공간, 테이블, 의자, 인력이 필요 없어진다. 또한 배달 서비스에 초점을 둔 사업이기 때문에 유동 인구가 많다는 이유로 비싼 1층 상가에 입점할 이유가 없다. 그렇기 때문에 10분의 1 비용으로 창업이 가능해진다.

우버는 이미 미국에서 '우버 이츠(Uber Eats)'라는 서비스를 런칭한 경험이 있다. 유휴 차량을 활용해 원활한 택시 수요와 공급을 맞추기 위한 차량 공유 사업에서 시작했지만, 수요가 많은 출퇴근 시간을 제외하면 택시 수요가 급격히 줄어든다는 점에 착안해 승객이 아닌 음식과 기타 배달 사업으로 확장시킨 것이다. 문제는 한정된 점심 시간이었다. 음식 배달을 원하는 주문이 순식간에 몰려들었다가 순식간에 빠진다. 주어진 시간에 얼마나 빨리 대응하느냐에 따라 매출이 달라질 수 있는 것이다. 그래서 도입한 것이 교통 정체가 심한 자동차 대신 자전거와 킥보드, 인라인스케이트 등을 활용한 배달 서비스였다. 그렇게 수년 동안 쌓인 데이터를 바탕으로 최적의 경로를 실시간으로 파악해 배달 요원들에게 제공함으로써 빠른 서비스를 제공할 수 있었다.

'클라우드 키친' 사업은 그렇게 시작됐는지 모른다. 배달이 되지 않은 맛집들이 여기저기 뿔뿔이 흩어져 있어 이들 주방만을 한곳에 모아 우버식 배달 노하우가 합쳐지면 엄청난 시너지 효과를 발휘할 수 있을 것으로 판단했을 것이다. 이 사업이 한국 사람들에게 굉장

✖ 우버 이츠

한 매력으로 다가올 수 있다. 이유는 간단하다. 한국 사람들은 3명이 식당에 가면, 4개의 다른 메뉴를 주문한다. 김치찌개, 오므라이스, 김치볶음밥을 각자 주문하고, 돈가스를 공유해 먹는 식이다. 짬짜면, 김밥천국의 스페셜 정식(돈가스+김밥+쫄면+샐러드)이 그렇게 탄생했다. '클라우드 키친' 사업의 매력은 묶음 배달 서비스가 가능하다는 점이다. 택시로 치면 '합승'과 같다. 배달료 한 번에 다양한 음식 배달이 가능해진다. 또한 빠른 배달을 원하면 추가 비용을 지불하면 되고, 고급 손님을 모시고 외식하기 어려울 때 추가 비용을 지불하면 같은 메뉴라 하더라도 고급 포장이 가능하다. 다시 말해, 추가 옵션 서비스를 통해 다양한 수익을 창출할 수 있게 된다.

수요 예측

우버가 다른 경쟁 업체에 가장 위협이 되는 부분은 다름 아닌 '수요 예측'이다. 1~2년 정도의 주문 데이터를 바탕으로 내일 주문량, 다음 주 주문량, 다음 달 주문량, 내년 주문량까지도 예측할 수 있는 능력이다. 이와 같은 예측은 신선한 재료 공급과 빠른 조리, 빠른 배달 그리고 배달 요원들에게 지급되는 비용 또한 탄력적으로 적용함으로써 수요가 몰리는 시간대와 거리에 비례한 요금 책정으로 적절한 대응을 할 수 있게 된다. 더 나아가 원하는 배달 요원을 선택할 수도 있다. 우버 택시의 경우, 근거리에 대기 중인 우버

기사의 프로필을 직접 확인해 선택할 수 있고, 거리 대비 택시 요금도 미리 확인할 수 있다. 친절하고 안전한 서비스가 그렇게 형성되는 것이다. 우버라면 택시 바가지요금에 대한 걱정을 하지 않아도 된다.

문제는 우버식 배달 사업이 음식에만 국한되지 않을 수 있다는 점이다. 국내 네트워크가 확보되면 자체 운영되는 주방이 아닌 다른 식당의 음식까지도 확장될 수 있고, 식후 커피 한 잔의 여유까지도 자체 배달 서비스로 커버할 수 있게 된다. 그뿐만 아니라 1인 가구에 특화된 밀키트(반조리 식품) 사업 영역까지 묶음 배달 서비스를 통해 구매를 유도할 수 있게 된다.

메기

필자가 생각하는 변화는 다음과 같다. 일단, 배달의민족이 제공하는 서비스와 겹치는 부문이 많다. 배달의민족(주문), 배민 라이더스(배달), 배민 찬(반찬, 밀키트) 서비스가 그것이다. 배달의민족은 국내 배달 앱 시장 점유율 50%가 넘는다. 요기요와 배달통이 나머지 대부분을 점유하고 있다. 우버식 공유 주방 사업이 이들 기업에게 메기와 같은 역할을 하게 된다면, 요기요와 배달통이 합병할 가능성을 배제할 수 없다. 또한 배달의민족의 경우, 지역별 주문이 가장 많은 메뉴를 선별해 '배민 클라우드 키친'을 운영할 가능성도 있다.

기존 배달 앱 사업자들이 주문 데이터를 기반으로 사업 영역을 확장한다면, '클라우드 키친'은 배송 데이터를 기반으로 빠른 서비스에 집중할 수 있다. 결국, 주문이 한꺼번에 몰리는 시간대에 얼마나 빨리 대응하느냐에 따라 승부가 결정될 가능성이 높다.

한국식 배달 문화에 서비스는 사라진 지 오래다. 신호를 무시하며 목숨 걸고 오토바이 곡예 운전을 시도하는 배달 요원과 그들에 대한 처우 그리고 편견들이 모여 지금의 배달 문화가 형성됐다. 한국식 배달 문화에 우버식 배달 시스템이 메기 역할을 했으면 하는 바람이다.

요즘지식

9

VJ는
영상 업사이클링 전문가

> 빠르게 변화하고 느리게 반응하는 이들과
> 느리게 반응하고 빠르게 변화하는 이들의
> 조화로운 세상 ▼

꺼진 영상도 다시 보자

VJ(Video Journalist: 혼자서 기획 · 촬영 · 편집이 가능한 사람)의 몸값이 치솟고 있다. 유튜브에 올린 영상이 수익으로 이어지면서 나타나는 현상이다. 10년 전까지만 해도 PD, 기자, 방송 작가가 대표적이었다면, 지금은 방송사들이 앞다퉈 실력 있는 VJ를 스카우트하기 위해 치열하게 경쟁한다. 이들이 가진 가장 큰 매력은 방송되지 않은 촬영 분량을 재활용해 그야말로 돈이 되는 콘텐츠를 만들어내는 능력이다. 영상 콘텐츠계의 업사이클링(Up-Cycling)화가 이들로 인해 본격화되는 것이다.

'업사이클링'의 대표적인 예로는 스위스 기업 '프라이탁(Freitag)'을 들 수 있다. 버려지는 트럭의 방수 커버를 세척하고 재가공해 세상에서 하나뿐인 디자인을 가진 방수 가방을 만들어 수십만 원에 판매한다. 가방끈은 자동차의 안전벨트를 사용해 단단하게 박음질했기 때문에 웬만한 성인이 매달려도 끊어지지 않는다. 이것이 바로 업사이클링이다.

출처: 프라이탁 홈페이지

✖ 프라이탁

그들에게는 사전에 제작되는 관찰 예능이나 인터뷰, 다큐멘터리, 드라마 심지어 광고에 영화에 이르기까지 촬영돼 영상으로 기록되는 모든 것이 소재가 된다. 촬영 현장에서는 100분 가까이 촬영됐지만, 실제 방송에서는 10분 정도만 방영된 경우 나머지 90분은 버려지지만, 개성을 가진 VJ들에게는 출연자의 옷차림으로 심리를 파악하거나 화장법, 헤어스타일 등으로 성향을 분석하는 등의 새로운 콘텐츠가 만들어지기도 한다. 이러한 현상이 가능한 이유는 인터넷 세상에서는 각종 규제나 제약이 없기 때문이다. 대중은 다양한 채널을 통해 콘텐츠를 소비하고, 조회 수와 좋아요, 구독을 통해 보답한다. 그 모든 과정이 데이터 소비에서 기록으로 이어지고,

다시 알고리즘에 의해 재가공돼 지속적인 콘텐츠 소비를 유도하는 것이다.

가성비

VJ의 두 번째 매력은 가성비다. 이는 마치 잉글랜드 프로축구 프리미어리그 구단에서 선수가 아닌 e 스포츠 선수를 영입하는 것과 같다. e 스포츠 선수의 몸값은 실제 축구선수 몸값의 10%에 불과하지만, 그들로 인해 얻는 홍보 효과는 100배 이상이다. 온라인 축구 게임 랭킹 10위에 속한 게이머의 경우, 영입 1순위다. 게이머에서 세계 3대 축구 리그에 소속된 선수가 되는 것이다. VJ 역시 그런 것이다. 죽은 영상을 살려내는 것도 감사한데, 그들의 콘텐츠 조회 수가 늘어나고, 공유되는 횟수가 많아질수록 얻어지는 수익도 커지고, 홍보 효과까지 덤으로 얻어진다. 카메라와 애프터이펙트라는 프로그램만 있으면, 하루 수십 개의 콘텐츠가 뚝딱 만들어진다.

출처: FIFA online 4 페이스북

✖ 축구 명문구단의 e스포츠팀 운영

질적으로 떨어지는 콘텐츠라고 치부할 수 있지만, 결코 그렇지 않다. 이유는 빠르게 올라오는 피드백 때문이다. 실시간으로 파악할 수 있는 조회 수와 좋아요, 구독 등이 이를 말해준다. 인기 있는 영상의 특징과 그렇지 않은 영상의 특징을 방송사 콘텐츠보다 빠르게 파악할 수 있다. 이는 곧바로 다음 콘텐츠 제작에 반영되면서 매번 완성도 높은 콘텐츠가 만들어질 가능성이 높아지는 것이다. 그렇게 자리 잡게 되면, 이후부터는 제작보다 기획과 트렌드에 더 많은 비중을 두게 돼 소비자가 원하는 콘텐츠가 지속적으로 배출되는 것이다.

신문을 보던 구독자는 온라인으로 신문을 보는 이들을 소비자로 만들었다. 읽는 기사가 공유되기 시작하면서부터다. 세상은 빠르게 변화하면서 빠르게 반응하는 새로운 직업군을 양성하고 있다. 하지만 세상은 느리게 반응하면서 느리게 변화하는 이들이 더 많은 듯 보인다. 느리게 변화하더라도 빠르게 반응하거나 빠르게 변화하더라도 느리게 반응하는 이들이 함께 조화를 이루는 세상이 됐으면 한다.

10

피노키오 대출 불가

> 거짓말 탐지기에 인공지능으로 생명을 불어넣었다 ▼

'파란 요정' 대출 심사 인공지능

교활한 여우에게 유혹당
해 연극계에 발을 들인 피
노키오는 악독한 극단 주인
에게 배신당해 철창에 갇히
는 신세가 된다. 그때 자신
을 살아 움직일 수 있도록

✖ 거짓말 때문에 코가 길어진 피노키오

해준 '파란 요정'이 나타나 곤경에 처하게 된 이유를 묻는다. 첫 시
련에 당황한 피노키오가 거짓말을 하자 갑자기 코가 길어지기 시

작한다. 거짓말이 더해질수록 코는 점점 길어지고, 이내 나뭇가지처럼 길어진 코에 새들이 날아와 둥지까지 튼다. 피노키오는 1940년 미국 월트 디즈니사에서 제작된 장편 애니메이션이다. 약 80년 전에 탄생한 애니메이션 주인공을 소환한 이유는 거짓말을 하면 코가 길어지는 피노키오의 특징 때문이다. 피노키오는 미국에서 탄생한 걸 감사해야 한다. 만약, 지금의 중국이었다면 피노키오의 은행 대출은 어려웠을 것이다. 표정으로 판별하는 인공지능 거짓말 탐지기를 대출 심사에 활용하고 있기 때문이다. 마치 목각 인형에 '파란 요정'이 생명을 불어넣은 것처럼 거짓말 탐지기에 인공지능으로 생명을 불어넣었다. 미세한 얼굴 표정 변화까지 판별할 수 있도록 개발된 것인데, 피노키오의 코는 미세하다고 보기 어려울 만큼 얼굴 변화가 뚜렷하다.

얼굴이 신용이 되는 시대

생김새만으로 신뢰가 가는 사람이 있다. 반면, 생김새만으로 신뢰는커녕 관심조차 가지 않는 사람이 있다. 여기서 말하는 생김새는 헤어 스타일, 표정, 메이크업, 체형, 옷 스타일 등이 포함된다. 영업에 종사하는 사람들은 이 신뢰를 얻기 위해 자신의 생김새를 포장한다. 사실, 그런 사람에게 먼저 관심이 가기는 한다. 그만큼 시간과 노력을 투자해야 한다. 사람들에게 신뢰가 가는 사람으로 보이는 것도 중요하지만 신용이 우선인 금융업계에서는 굳이 그럴 필요가 없을 듯하다. 특히, 중국에서 대출이 필요할 때는 말이다.

중국에서는 대출을 해야 하는 이들에게 아무것도 요구하지 않는다. 우리나라처럼 각종 증명서를 제출할 필요도 없고, 과거처럼 대출을 조건으로 다른 금융 상품의 가입을 유도하는 일도 없을 뿐더러 며칠씩 기다릴 필요도 없다. 단지 '파란 요정' 대출 심사 인공지능의 질문에 성실하고, 진실되게 답변만 하면 된다.

사람들이 거짓말을 할 때는 표정이 미세하게 변한다고 한다. 특히 얼굴의 경우, 가장 두드러진다고 한다. 중국 최대 민영보험사인 '핑안보험'은 54가지 순간적인 표정 변화를 감지하고 판별할 수 있는 시스템을 개발했다고 한다. 육안으로는 확인할 수 없는 고화질 슬로 영상으로만 확인할 수 있는 찰나의 움직임을 포착하는 기술이다. 눈동자의 움직임이나 눈꺼풀의 깜빡임, 눈썹의 치켜올림, 입술의 떨림까지 포착해 대출 희망자의 거짓 여부를 판단하는 것이다. 거짓으로 판단되면, 즉시 추가 심사가 진행된다. 해당 보험사에 따

✖ 얼굴 표정의 변화로 대출 가능 여부를 판단한다.

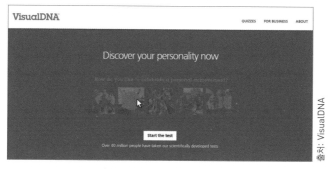

✖ VisualDNA

르면, 이 기술을 도입한 결과 부실 대출로 인한 손실이 60%나 감소했다고 한다.

영국의 '비주얼 DNA'라는 회사는 다양한 이미지와 주제를 제시하고 어떤 이미지를 선택하느냐에 따라 대출 희망자의 신용도를 평가하는 시스템을 개발해 마스터카드와 계약했다. 홍콩의 대출업체 '렌도'는 대출 희망자의 소셜 네트워크상의 정보를 받아 신용도를 평가한다. 페이스북, 트위터, 텀블러, 인스타그램 등과 같은 계정을 통해 친구 중에 자동차 사고가 났다거나 실직했다거나 큰 병에 걸렸다거나 하는 부정적인 내용이 확인되면 신용 점수를 깎는 식이다. 그 친구들에게 돈을 빌려달라는 부탁을 받을 수도 있다는 가능성을 신용 평가에 반영하는 것이다. 그뿐만 아니라 미국의 P2P 대출업체 '렌딩 클럽'은 온라인 쇼핑 거래 횟수나 택배 기사 방문 횟수가 매달 일정한지 여부를 파악한다. 소득이 일정하다는 것을 유추하는 것이다. 독일의 신용 평가 기업 '크레디테크'는 다소 엉뚱하다고 생각되는 부분까지 고려해 신용을 평가한다. 깨알 같은 글씨로 나열된 여러 장의 대출 약관을 꼼꼼하게 읽는지를 파악해 신용 점수에 반영한다. 보통은 동의란에 체크만하고 넘어가지만, 그런 부분까지 꼼꼼하게 챙겨 읽는 사람이라면 빌린 돈을 제때 갚을 것이라는 인식에서 시작한 것이다. 놀랍게도 실제 통계에서 그 효과가 입증되기도 했다. 사실, 필자는 이와 같은 내용을 2년 전부터 확인했다. 이후 카카오뱅크와 케이뱅크에 회원 가입 시 제시되는 약관과 대출 시 제시되는 약관을 꼼꼼히 읽곤 했다. 읽었다기보다는 읽은 척하기 위해 약관 페이지에서 일정 시간 동안 머물면서 페이지를 이동했다. 그렇다고 카카오뱅크와 케이뱅크가 그런 방식으로 신용 점수를 매긴다는 보장은 없다. 단지, '후발 주자로서 카카오뱅크와 케이뱅크가 전 세계 신용 평가 시스템을 어느 정도 벤치마킹하지 않았을까?'라는 생각에 그렇게 했을 뿐이다. 그렇게 신용 평가를 한다는 사실이 알려진다면, 모든 대출 희망자가 대출 약관을 꼼꼼히 살펴 0.1%라도 대출 금리를 낮추려고 할 것이다.

한 예능 프로 코너에서 거짓말을 하면 다리를 떠는 증상을 보이는 개그를 보며 웃었던 기억이 있다. 또한 예능 프로에 자주 등장하는 거짓말 탐지기가 있다. 손바닥을 거짓말 탐지기에 대고 뭔가를 말했을 때, 거짓말일 경우 전류가 흘러 찌릿하게 한다. 출연자들끼리 짓궂은 질문을 던지고 답을 하면, 거기에 맞춰 거짓말 탐지기가 반응을 보이면서 재미있는 상황이 연출된다. 결혼 10년 차 출연자에게 '다시 태어나도 지금의 아내와 결혼합니까?'라는 질문을 하거나 싱글남에게 '최근 한 달 동안 키스한 경험이 있습니까?'라는 질문을 던지는 식이다.

사람의 생각은 스스로 조작할 수 있다. 하지만 무의식적으로 움직이는 얼굴의 표정은 완전하게 조작하기 어렵다. 그렇기 때문에 앞서 언급한 '핑안보험'뿐만 아니라 중국의 '스탠다드차타드 은행'도 스마트폰 카메라를 통해 거짓말 여부를 판별한다. 그 외 많은 중국의 금융 기관이 얼굴의 표정 변화로 신용을 평가하는 시스템을 계속 개발 또는 도입하고 있다. 물론, 인권 침해에 대한 우려와 표정 변화만으로 거짓 여부를 판단해 대출을 거절하는 것이 상업 윤리상 타당하냐는 문제가 제기되기도 한다. 반면, 일각에서는 빠른 신용 평가로 빠른 대출이 가능하다는 점에서 크게 문제가 되지 않는다는 의견도 있다. 사실, 기업의 입장에서는 과거 신용 평가 방식의 비효율적 방식에서 벗어나 부실 대출을 줄이고, 인건비를 줄이고, 대출 시간을 단축함으로써 더 저렴한 대출 금리를 제시할 수 있다는 논리를 펴고 있다. 관련 데이터가 쌓일수록 기술은 더욱 정교해져 투명하고, 동등한 조건에서 대출이 가능해진다. 대출 심사 업무를 담당하던 은행 인력은 줄어든 반면, 빅데이터 전문가를 양성하고, 관련 교육 프로그램들이 만들어지고, 이 인력을 채용하는 기업 또한 많아지면서 관련된 투자가 활발하게 이뤄진다는 점에서 긍정적인 효과가 더 많은 것이 사실이다.

피노키오의 길어진 코를 보고 대출 가능 여부를 판단하는 것을 두고 인권 침해, 상업 윤리를 논하기에 앞서 오죽했으면 인공지능 거짓말 탐지기까지 개발했을까를 한 번 정도 고려했으면 한다.

아마존

지은이 밀런
신문

콜라를 마실까 스프라이트를 마실까
자꾸만 집었다 놨다
치즈케이크 살찔 텐데 먹을까 말까
자꾸만 집었다 놨다
별도의 계산대 계산원도 없이
그저 원하는 상품 집어 나오면 자동으로 결제가 되네
허~참! 신기할세

온라인 쇼핑으로 옷을 샀더니
며칠 입어보고 결정하라 하고
배송은 집 앞마당으로 요상하게 생긴 비행기가 실어 나르네
허~참! 신기할세

집 앞 마당이 없다 했거늘
택배물을 보관할 공간조차 여의치 않다 했거늘
현관문을 열어 집 안까지 넣어주겠다 하네
차 트렁크를 열어 넣어주겠다 하네
허~참! 신기할세

제시한 내용과 가장 관련 있는 <u>인물</u>은?

스티브 잡스

A

제프 베조스

B

제시한 내용과 가장 관련 있는 <u>브랜드</u>는?

amazon

A

阿里巴巴
Alibaba.com

B

밑줄 친 '요상하게 생긴 비행기'가 의미하는 <u>브랜드</u>는?

amazon
Prime Air

A

amazon.com
Prime

B

첫 번째 단락이 의미하는 브랜드는?

amazongo

A

amazon dash
BUTTON

B

온라인 쇼핑으로 옷을 샀더니
며칠 입어보고 결정하라 하고

위 내용이 의미하는 브랜드는?

prime **wardrobe**

A

Amazon Fashion

B

현관문을 열어
집 안까지 넣어주겠다 하네

위 내용이 의미하는 브랜드는?

amazon key

A

amazonkindle

B

―――― 해설 혹은 힌트 ――――

아마존 그리고 제프 베조스

2017년 10월 잠시나마 세계 부자 순위 1위에 등극한 아마존 창업자 '제프 베조스'는 1994년 아마존 창업 전까지 벤처캐피털과 금융사에서 근무한 경력이 있다. 아마존의 시작은 온라인 서적 전문 쇼핑몰이었다. 이후 책과 비슷한 크기의 DVD·음반까지 판매 영역을 넓히면서 점차 자리를 잡아갔고, 주문-결제-배송에 이르는 복잡한 과정을 '원클릭' 결제 시스템 도입으로 간소화하면서 세상의 모든 것을 판매하는 세계 최대 전자 상거래 기업이 됐다.

창업 4년 후에는 세계 최대 인터넷 기업 구글의 초기 투자자로 참여했고, 2000년에는 우주 여행에 대한 꿈을 펼치고자 우주 개발 기업 '블루 오리진'을 설립했다. 2002년에 이르러서야 지금의 복덩이 사업이 된 '아마존 웹 서비스'를 시작했다.

아마존 서비스

지금까지 아마존이 선보인 서비스는 수십 가지에 이른다. 그중 대표적인 몇 가지를 꼽자면, 미국 시애틀에 오픈한 무인상점 '아마존고'(2016년 12월), 주문 후 30분 내에 배송하겠다는 드론을 이용한 '프라임에어'(2013년 12월), 온라인에서 축적한 노하우를 오프라인 서점에서 보여주겠다는 '아마존북스'(2017년 6월), 온라인으로 주문한 의류는 15일 동안 직접 입어보고 원하는 상품만 구매하라는 '워드로브'(2017년 6월), 주인이 없어도 집 안까지 안전하게 택배물을 배송하겠다는 '아마존키'(2017년 10월), 그걸로도 부족해 자동차 트렁크에까지 배송하겠다는 '아마존 키 비하이클', 집 안 어디서든 음성으로 명령하면 반응하는 인공지능 스피커 '에코'(2014년 11월) 등 생활에 필요한 모든 것을 아마존만으로도 해결할 수 있을 정도로 편리한 서비스들이다. 앞으로 선보이게 될 아마존 서비스가 더욱 기대된다.

연관된 브랜드와 이미지를 연결하세요.

BLUE ORIGIN •

amazon alexa

•

─────── 해설 혹은 힌트 ───────

● **아마존 주요 계열사 및 관계사**

알렉사(인공지능 서비스)

알렉사가 적용된 인공지능 스피커 '아마존 에코' 출시(점유율 1위)

영상통화, 터치스크린 '아마존 에코 쇼' 출시

이후 구글, 애플, 카카오, SK, KT, LG 등 유사 제품 출시

아마존 프라임에어(드론 배송 서비스)

UPS, 알리바바, 도미노피자, 월마트 등 드론 배송 서비스 실시

블루오리진(우주개발)

관련 우주 개발 기업 → 스페이스엑스(일론 머스크), 버진갤럭틱(리처드 브랜슨)

워싱턴포스트(언론사)

아마존 인수 이후 비용을 내고 신문을 읽는 독자의 개념에서 종합적인 콘텐츠를 제공하는 서비스 기업으로 탈바꿈하면서 소비자의 개념으로 바뀌었다.

자포스(온라인 신발 판매)

『아마존은 왜 최고가에 자포스를 인수했나』라는 책 제목에서도 엿볼 수 있듯이 인터넷으로 신발을 사고판다는 것이 어렵게만 여겨졌던 1999년 시절, 창업자 토니 셰이는 당당히 온라인 신발 쇼핑몰을 시작한다. 금융 위기에도 흔들리지 않고 오히려 10배 이상 성장한 자포스는 많은 투자 기관과 언론의 관심을 받기에 충분했다. 이후 자포스만의 독특한 기업 문화에 매료된 아마존이 100% 고용 승계, 100% 독자 경영을 조건으로 2009년 7월 12억 달러에 자포스를 인수했다.

요즘
지식

앞서가면 지나치다 하고, 뒤처지면 무능하다 하고, 무난하면 무관심하다 한다.
지나친 변화에서 초연결 사회가 만들어지고,
무난하면서 무관심한 분위기에서 친연결 사회가 만들어진다.

PART 2

초연결 사회에서
친연결 사회로 가다

1

전자레인지가
QR코드를 먹었다

> TOVALA Smart Steam Oven,
> 전자레인지가 수집을 하기 시작했다

햇반과 신라면 블랙사발이 프로그래밍된다면?

문제 01 햇반 1개를 전자레인지에 데우는 시간은?

문제 02 햇반 2개를 전자레인지에 데우는 시간은?

문제 03 햇반 1개를 끓는 물에서 데우는 시간은?

1번 문제의 정답은 알겠는데, 2번, 3번 문제의 정답은 모르겠다. 햇반 1개를 데울 때는 2분, 2개는 3분, 끓는 물에는 10분이다. 사실, '햇반'의 개발 배경은 밥이 없을 때 간편하고 빠르게 데워먹을 수 있다는 데 있다. 그런데 막상 구입해서 먹어보면 맛있어서 '햇반'을 자주 찾게 된다. 지금은 카피캣(모방) 상품이 계속 출시되고, 즉석밥의 대명사가 될 정도로 소비자에게 익숙한 상품이 됐다.

문제 04 일명, 전자레인지에 돌려서 먹는 컵라면 '신라면 블랙사발'을 데우는 시간은?

모르는 사람이 많을 것이다. 정답은 '햇반'과 같다. 필자는 맛있다는 소문에 끌려 직접 편의점에서 데워 먹어봤다. 일반 컵라면은 끓는 물을 붓고 3~4분을 기다려야 하지만 '신라면 블랙사발'은 2분이면 충분하다. 일단, 기다리는 2분이 흥미로웠다. 전자레인지 안에서 붉은 노을빛 단독 조명을 받으며 보글보글 끓는 모습이 입맛을 돋우는 애피타이저마냥 보는 재미를 선사했다. 맛은 확연히 달랐다. 굳이 비교하자면, '짜파게티'라는 새로운 장르가 생겨났듯이 직접 끓여 먹는 라면과 컵라면 그리고 데워먹는 라면이라는 새로운 카테고리가 생겨난 듯한 느낌을 받았다.

이렇게만 보면 '햇반'과 '신라면 블랙사발'의 공통점은 데우는 시간 2분이라는 것과 간편하고, 맛있고, 편의점에서 먹을 수 있다는 정도로 요약할 수 있겠지만, 중요한 것은 따로 있다. 만약, 이들 상품이 전자레인지에 데우는 시간을 직접 설정하지 않고, QR코드를 찍어 최적의 맛을 제공할 수 있도록 표준화한다면 어떨까? 그리고 무엇이 달라질까?

QR코드 전자레인지, 토발라

크라우드 펀딩사이트 '인디고고'에 소개된 '스마트 스팀 오븐 (Smart Steam Oven), 토발라(TOVALA)'는 반조리된 음식을 넣고, 제품 표지에 인쇄된 QR코드를 찍기만 하면 자동으로 조리되는 똑똑한 제품이다. 데우고, 굽고, 증기에 조리해야 하는 어떤 음식이든 알아서 최적의 맛을 제공한다. '토발라'에는 독특한 기능이 있다. 일단, 와이파이 연결이 필요하다. QR코드를 찍으면 레시피대로 데우든 굽든 찌든 표준화된 시간에 맞춰 조리해야 하기 때문이다. 그리고 캡슐형 커피머신 '네스프레소'처럼 물을 채워 넣어야 한다. 그래야만 스팀 조리가 가능해진다. 또 다른 기능은 조리가 완성되면 스마트폰과 스마트워치에서 완성됐다는 알림을 받을 수 있다는 것이다.

출처: 토발라 홈페이지

✱ 토발라의 스팀 오븐 QR코드 레시피 인식

어찌 보면 레시피에 맞춰 조리한다기보다 레시피에 맞춰 프로그래밍된다는 용어가 더 정확할지 모른다. 판매가는 399달러다.

온라인과 모바일 앱을 통해 원하는 밀키트를 주문하면 집으로 배송된다. 여기까지만 보면, 프린터와 잉크(토너)의 관계를 많이 닮아 있다. 저렴한 가격에 프린터를 판매하고, 이후 잉크(토너)의 판매를 통해 지속적인 매출을 기대하는 사업 모델 말이다. 하지만 '토발라'의 진정한 가치는 따로 있다. 사실, 이건 비밀인데 필자가 가장 사업화하고 싶은 제품이다. 이 제품을 페이스북을 통해 처음 접하고, 유튜브에서 관련 영상을 무수히 찾아보며 '토발라'의 미래 가능성을 디자인했다. 어차피 사업화할 게 아니라서 모든 것을 오픈하려 한다.

'토발라'의 핵심은 판매 시점 데이터와 '이것'이다

'토발라'를 판매하면서 마치 프린터의 잉크처럼 밀키트에서 지속적인 판매를 기대하는 듯 보이지만, 이는 틀린 이야기가 아니다. 필자의 책 『테슬라와 아마존을 알면 데이터 금융이 보인다』의 114페이지에 다음과 같은 문구가 있다.

'원활한 거래를 위해선 기술이 필요하지만
월등한 거래를 위해선 데이터가 필요하다.
세상은 원활하면서 월등한 모든 것을 필요로 한다.'

그렇다. '토발라'의 진정한 가치는 데이터 확보에 있다. 제품의 판매량과 판매 지역, 밀키트의 판매량과 판매 지역, 온라인과 앱 주문 시 판매 시점에 관련된 다양한 데이터를 수집할 수 있다. 물론 여기까지는 기존과 별반 다를 게 없다. 핵심은 판매된 시점에서 소비되는 시점까지의 데이터를 확보할 수 있다는 데 있다. 편의점에서 '햇반'과 '신라면 블랙사발'을 사면 판매 시점에 관련된 기록이 남겠지만 편의점에서 먹었는지, 집에 가져가서 먹었는지, 캠핑장에 가서 먹었는지는 확인할 수 없다. 다시 말해, 구매 후 언제 먹었는지에 대한 데이터를 확보하기가 어렵다는 것이다. '토발라'의 가치는 바로 구매 후 언제 먹었는지 확인할 수 있다는 것이다. QR코드를 찍는 순간 소비되는 시점의 데이터 기록이 남는 것이다. 그렇게 되면 어제 앱으로 주문한 밀키트가 배송 확인 후 언제 소비됐는지 정확한 데이터를 확보할 수 있게 된다. 이렇게 확보된 데이터는 엄청난 경쟁력을 갖게 된다. 신상품 개발과 새로운 밀키트 개발에 유리해지고, 판매 상품에 있어서 더 정확한 맞춤식 구성 그리고 마케팅이 가능해진다.

　'토발라'에서 '햇반'과 '신라면 블랙사발'을 조리한다면 어떨까? 라면 조리 후 '햇반'이 데워진다면 누가 보더라도 '라면 국물에 밥을 말아 먹는구나'라는 생각을 할 것이다. 학교가 밀집된 지역에서 이와 같은 데이터가 많이 확보된다면, 당연히 두 제품을 세트로 판매해 할인하는 프로모션을 시도할 수 있다. 또한 구매 후 오랜 시간 동안 소비 데이터가 확보되지 않을 경우, 스마트폰 알림을 통해 유통 기한을 알려줘 빠른 소비를 유도할 수도 있다.

편세권이 살아난다. 주방이 사라진다

'토발라'와 같은 제품이 전국 편의점에 설치된다면 어떨까?

혼자 생활하는 이들의 주방에 설치된다면 어떨까?

이유식이 필요한 가정에 설치된다면 어떨까?

씹는 것이 불편한 노인 가정에 설치된다면 어떨까?

와인과 곁들여 먹는 밀키트, 다이어트 밀키트, 아침 대용 밀키트, 이유식용 밀키트, 부드러운 식감의 밀키트 등 전자레인지가 QR코드를 인식했을 뿐인데 새로운 사업 모델이 무궁무진하게 디자인된다.

그뿐일까? 세탁기와 건조기가 QR코드를 인식한다면 어떨까?

상상하면 재미있어진다. 지금 무엇을 준비하고, 어떻게 대비해야 하는지 자신의 방식에 맞춰 개발하길 바란다.

②

배달의민족은
이슬을 먹고 산다

주문한 음식, 누가누가 먹나 ▼

주문은 치킨, 소비는 치맥

전국에서 치킨 소비 비중이 가장 높은 지역은 어디일까?

놀랍게도 10명 중 6명이 치킨을 주문한 것으로 조사된 '세종시'였다.

그렇다면, 두 번째로 높은 지역은 어디일까?

10명 중 5명이 치킨을 주문한 것으로 조사된 '제주도'였다. 세종시의 경우 중앙 정부 이전으로 혼자 생활하는 공무원들의 치맥 주문이 많았고, 제주도의 경우 드라마 '별에서 온 그대'의 영향으로 중국 관광객들의 치맥 소비가 많은 것으로 추측됐다. 그렇다면 이와 같은 조사를 누가 했는지 궁금해진다. 다름 아닌 국내 1위 주문 앱 '배달의민족'이다.

필자의 가족은 교촌치킨의 '허니콤보'를 좋아한다. 전화로 주문하고, 배달된 치킨을 건네받으면서 신용카드로 결제한다. 사실, '배달의민족' 앱에서 결제가 된다는 사실을 알게 된 지는 그리 오래되지 않았다. 그것도 인천 송도에 사는 친구 집에서 앱으로 주문하고, 결제하는 모습을 보면서 알게 됐다. 그도 그럴 것이 필자가 사는 동네의 교촌치킨은 '배달의민족' 앱에서 주문과 결제가 불가능하다. 굳이 앱을 통하지 않아도 전화 주문이 많기 때문일 것으로 생각된다. 피자의 경우도 도미노피자 앱을 통해 주문하기 때문에 별도의 주문 앱을 사용할 일이 그리 많지 않다.

'배달의민족'은 알고 있다, 그리고 알아야 한다

'배달의민족'은 대한민국 음식 주문과 관련된 많은 것을 알고 있다. 어느 지역이 어떤 음식을 주문하는지 그게 양념인지, 후라이드인지, 반반인지, 한 마리인지, 두 마리인지, 콜라와 함께 먹는지, 맥주와 함께 먹는지, 쿨피스와 함께 먹는지를 세세하게 알고 있다. 매출은 상단에 노출하는 광고에서 발생하지만 정작 글로벌 투자 기업들로부터 많은 투자금을 유치할 수 있는 요인은 세세하게 알고 있는 데이터 수집에 있다. 한 방울 한 방울 이슬과 같은 주문 건수가 모여 지금은 바다를 향하는 작은 강물과 같은 수준의 기업으로 성장한 것이다.

더 큰 바다로 흘러가기 위해서는 험난한 여정을 거쳐야 한다. 그러기 위해서는 결코 혼자의 힘으로는 불가능하다. 이를 해결하기 위한 방법은 다른 방향에서 흐르는 강과 합류하는 것이다. 다시 말해, 인수 합병을 통해 몸집을 키워야 한다는 이야기다. '배민 라이더스'와 '배민 찬(배민프레시)', '배민 상회', '배민 문방구', '배민 아카데미' 그리고 대한민국 최초 음식 배달 로봇 '딜리', 인공지능 프로젝트 '배민 데이빗'도 이런 맥락에서 이해할 수 있다. '주문 플랫폼'에서 '푸드 테크' 기업으로의 성장을 목표로 하고 있는 것이다.

✖ 배민 브랜드(출처: 우아한형제들 웹 사이트)

얼핏 보면 '배달의민족'만의 강물을 따라 바다로 향하는 듯 보인다. 하지만 다양한 강물과의 합류를 통해 폭은 넓혔을지 몰라도 필자의 눈에는 더딘 유속으로 이동하는 듯 보인다. 필자의 주장에 대한 근거는 다음과 같다. 일단, 국내 점유율로 보면 50%에 가깝다. 매번 달라지기는 하지만 '배달통'과 '요기요'의 점유율을 합치면 뒤질 때도 있다. 음악 앱 '지니뮤직'과 'CJ뮤직', 'LGU+'가 전략적 합병을 통해 'SKT'와 '멜론'의 독주를 견제하듯 만약 '배달통'과 '요기요'가 전략적 합병을 시도한다면 어떨까? 그뿐일까? 만약 중국 1위 배달 주문 앱 '메이톼', 2위 '어러머'와 같은 거대 공룡 기업이 국내에 진출하면서 '배달통' 혹은 '요기요'의 인수 합병 혹은 전략적 제휴를 시도한다면 어떨까? 마치 세계 최대 동영상 스트리밍 기업 '넷플릭스'가 'LGU$^+$'와 단독 제휴를 통해 본격적으로 시장에 진출했던 것처럼 말이다.

'배민 라이더스', '배민 찬', '배민 상회', '배민 문방구', '배민 아카데미', '딜리', '배민 데이빗'과 같은 사업 모델이 경쟁력을 가질 수 있을까? 결코 그렇지 않다. 핵심은 주문 내역에 대한 세세한 데이터가 아니라는 사실을 분명히 해야 한다.

누가누가 먹었나

핵심은 주문한 음식을 고객에게 건네주는 과정에서 누가 먹었는지 수시로 확인하고 기록함으로써 '라스트 마일(Last Mile: 배송의 마지막 단계)'에 대한 데이터를 확보하는 것이다. 혼자 먹었는지, 여친과 단둘이 먹었는지, 자녀들과 함께 먹었는지, 친구들과 모여 야구를 시청하면서 먹었는지, 야식으로 먹었는지, 식사 대용으로 먹었는지 등 가능한 한 다양하고, 확실한 데이터를 수집하기 위해 노력해야 한다. 또는 앱 주문 시 스타벅스처럼 '별 리워드'를 제공하면서 누가 먹었는지에 대한 정보를 고객에게 직접 요구하는 것도 좋은 방법이 될 수 있다. 앞서 언급한 세종시의 혼자 생활하는 공무원이나 제주도의 중국 관광객과 같이 추측성 분석에 대한 근거를 확실히 마련해야 한다는 이야기다.

길거리에 떨어진 음식 주문 전단지 하나하나 주워가며 지금의 '배달의민족'이 됐다. 마치 이슬과도 같은 음식 주문 전단지가 모여 지금의 강물과도 같은 '주문 플랫폼'이 완성됐다는 이야기다. '푸드 테크'가 아닌 '테크 푸드' 기업으로 성장해야 한다. 마치 '핀테크(핀테크: 금융을 위해 기술을 활용하는 것(인터넷 뱅킹, 모바일 뱅킹))'가 아닌 '테크핀(테크핀: 기술로 만들어진 금융(블록체인 기반의 암호화폐))' 기업으로의 성장처럼 말이다.

필자가 이렇게 열을 올리며 주장하는 이유는 필자도 '배달의민족'으로 교촌치킨의 '허니콤보'를 주문하고, 결제하고 싶어서다. 더 는 현관문에서 치킨을 건네받고, 신용카드로 결제하면서 승인될 때까지 배달맨과 어색한 시간을 보내고 싶지 않다. 단지 그뿐이다. 우리가 어떤 민족인지 오랫동안 '배달의민족'이 증명해 보였으면 한다.

3

현관문에 냉장고와 충전기,
얼굴 인식이 있다

> 판매 데이터에서 상품 수령 시간 데이터까지
> 그들만의 다양한 레시피가 만들어진다

사람, 남자, 아빠 그리고 글 쓰는 주부

현관문 주변에 우유 배달, 이유식 배달, 반찬 배달을 위한 줄 달린 보냉 케이스가 가득하다. 아침이면 두 손 가득 수거하고, 신문까지 챙긴다. 게다가 필자가 타는 자전거, 딸이 타는 자전거, 유모차까지 주차돼 있다. 어디 그뿐인가? 현관문의 안쪽에는 필자가 타는 전동 킥보드, 딸이 타는 전동 킥보드가 긴 멀티탭에 의지한 채 에너지를 충전 중이다. 네 식구가 사는 집 현관문에는 오히려 신발이 전동 킥보드의 눈치를 본다.

배달되는 신선 식품은 보냉이 생명이다. 그렇기 때문에 인터넷 쇼핑몰에서 600g 소고기 하나를 주문해도 4배 크기의 스티로폼 박스에 무거운 아이스팩이 담겨 배송된다. 그렇게 냉동실에 보관된 아이스팩이 한가득이다. 언젠가 필요할 것만 같은 생각 때문에 잘 버리지도 못한다. 분리 수거일이면 경비 아저씨는 스티로폼 박스에 붙은 테이프를 모두 떼어달라고 한다. 그렇지 않으면 수거하지 않는단다. 고기를 구워 먹을 때 역시 간단치 않다. 일단 환기가 필요하고, 시끄러운 렌지후드를 작동시키고, 사방으로 튀는 기름에 대비해야 한다. 고기 한 번 먹고 나면 배출되는 쓰레기와 뒤처리가 결코 간단치 않다. 맛있게, 멋있게 찍힌 사진들 보며 주문할 때는 좋았는데 정작 이유식과 반찬까지 동시에 배달되는 날이면 뒤처리 걱정이 앞선다.

걱정은 주문한 상품을 받을 때도 계속된다. 집에서 택배물을 받으면 그나마 낫다. 부재 시 무거운 택배물이 경비실에 보관돼 있으면 그게 그렇게 귀찮아진다. 그나마도 경비실 보관이 가능한 아파트는 나은 편이다. 주문한 상품이 50만 원에 달하는 '다이슨 헤어 드라이어'면 더더욱 신경이 쓰인다. 그럴 땐 택배 차량이 아파트 단지에 들어왔을 때부터 나서야 할 것만 같다. 이런 고민을 일주일에 세 번 이상 하는 필자는 '사람, 남자, 아빠 그리고 글 쓰는 주부'다.

라스트 마일 배송

세계 최대 전자상거래 기업인 아마존은 필자와 같은 고객의 걱정을 덜어주기 위해 다양한 시도를 한다. 주문한 상품이 배송되는 과정에서 분실되는 위험을 줄이기 위해 별도의 사물함(아마존 라커)을 설치하거나 집 안까지 넣어주는 배송 서비스(아마존 키)를 시행 중이다.

'아마존 라커(Amazon Locker)'는 온라인에서 주문한 상품을 고객이 지정한 사물함에 넣어주는 서비스다. 사물함은 24시간 접근이 쉬운 편의점, 주차장, 지하철역 등에 설치돼 있고, 보관된 상품을 찾아갈 때는 72시간 이내에 메일이나 앱으로 전송된 라커 번호와 비밀번호를 입력하면 된다. 이와 반대로 반품이나 교환이 필요할 때는 온라인으로 신청한 후 반품할 라커를 선택하고 물건을 넣어두면 직원이 가져간다. 판매자는 고객이 지정한 사물함에 물건을 배송해 헛걸음을 줄임으로써 탄소 배출을 줄일 수 있고, 소비자는 원하는 시간에 물건을 꺼내 갈 수 있다. 물론 부피가 크거나 보냉이 필요한 상품이라면 사용하기 어렵다.

'아마존 키(Amazon Key)' 서비스는 분실 위험을 줄이기 위해 고안된, 기술적으로 진보된 서비스라 할 수 있다. 쉽게 말해, 문을 열고 집 안까지 상품을 배송하는 것이다. 진정한 '라스트 마일 배송(Last Mile Delivery)'이다. 방법은 이렇다. 배송 직원이 문 앞에서 상품의 바코드를 찍으면 동시에 고객에게 배송 사실을 알려준다. 승인하면문이 열리고 배송 직원은 집안에 물건을 둔 후에 문을 잠근다. 배송이 끝나면 다시 고객에게 배송이 완료됐다는 알람이 전송된다. 그리고 그 일련의 과정이 모두 클라우드 캠에 별도로 녹화된다. 물론이 서비스를 이용하기 위해서는 클라우드 캠이 반드시 필요하다. 세계 최대 유통업체 월마트 역시 '라스트 마일 배송'에서 아마존 못지않은 서비스를 시도하는 중이다. '아마존 키'와 유사한 서비스와 더불어 냉장·냉동이 필요한 신선 식품을 집 안까지 들어와 직접 냉장고에 넣어주기까지 한다.

✖ 아마존과 월마트의 라스트 마일 배송

굳이 그렇게까지 배송해야 할 필요가 있을까 싶지만 살펴보면 다양한 이유가 존재한다. 먼저 집에서 생활하는 시간이 많지 않고, 1인 가구의 증가로 대신 받아줄 사람도 없다. 또 집 앞에 두자니 도난이 우려되고, 집에서 밥해 먹기도 귀찮아 시켜 먹거나 반조리된 밀키트를 주문하는 경우가 많다. 그야말로 세상의 흐름이 비대면 쇼핑, 비대면 결제, 비대면 배송을 요구하고 있다. 바로 이 점이 '라스트 마일 배송'을 만들었다고 볼 수 있다. 비대면 서비스에는 고객 감동이 어렵기 때문에 그렇게라도 해서 꾸준히 고객을 유치하기 위함이다.

생각해보면 집 안까지 들어와 냉장고를 열고 신선 식품을 넣어준다는 설정 자체가 다소 껄끄러운 건 사실이다. 과거 필자가 1인 가구였던 시절, 맨발로 신발을 신고 집에 방문했던 친구들의 발을 일일이 씻기고 나서야 입장을 허가했던 것과는 다소 맞지 않는 서비스다.

도어에 냉장고와 충전기가 필요하다

BoT라는 용어가 있다. 배터리가 장착된 사물인터넷(IoT)을 말한다. 흔히 말하는 퍼스널 모빌리티, 인공지능·블루투스 기기 등이 이에 해당한다. 이들의 공통점은 무선이라는 편리성을 얻기 위해 일정 시간 배터리 충전이 필요하다는 것이다. 특히 밖에서 사용하는 모빌리티 기기의 경우, 방 안으로 들이자니 부피가 크고 지저분하고, 밖에 보관하자니 도난 우려와 충전 시설이 없다는 불편함이 있다. 그렇기 때문에 많은 사용자가 현관문 안쪽에 보관하면서 충전을 위해 긴 멀티탭을 사용한다. 신발과 섞여 복잡하기 그지없다.

'라스트 마일 배송' 서비스를 제공하는 기업들은 모두 '스마트 도어록(Smart Door Lock)' 기술을 가진 업체와 제휴 혹은 인수를 통해 서비스를 완성한다. 만약 냉장고와 충전기, 카메라가 도어에 설치되면 어떨까? 앞서 언급한 서비스에서 업그레이드할 수 있지 않을까? 그렇다면 이런 설정은 어떨까?

'새벽에 배달된 우유와 샌드위치, 음료 등을 도어 냉장고에서 챙기고, 동시에 밤새 도어에 충전된 전동 킥보드를 타고 지하철역까지 이동하며 출근한다. 다시 집으로 돌아와서는 도어 냉장고에 배달된 채끝살 150g 2개와 샐러드를 챙기고, 자동 감김 기능으로 깔끔하게 정리된 충전 코드를 뽑아 전동 킥보드를 충전하는 것이다. 여기에 미니 드론을 충전하고, 자율주행이 가능한 여행 캐리어 · 유모차도 충전한다.'

나름 괜찮은 설정이다. 물론 도어 안팎으로 카메라를 설치해야 어느 정도 안전이 보장된다. 사실 기술의 발달은 1인 가구의 증가, 1인 기업의 증가와 더불어 다양한 산업의 변화를 가져왔다. 소량 주문, 소액 결제, 소량 생산, 소량 포장, 소량 배송이 그것이다. 퍼스널 모빌리티 역시 그렇다. 중요한 것은 이와 같은 변화가 기술과 맞물려 새로운 산업 구조를 만들어냈다는 것이다.

우주선이라는 제한된 공간에서 모든 것을 해결하는 우주인의 삶을 연구하며 도심 속 1인 가구를 위한 생활 가구를 만들어가는 이케아에서 이와 같은 제품이 출시된다면 어울리지 않을까?

진화하는 택배 보관함

중국의 알리바바는 택배 보관을 위한 얼굴 인식 택배 보관함 '카이니아오 스마트 라커(Cainiao Smart Locker)'를 선보였다. 현관문 앞에 얼굴 인식이 가능한 별도의 택배 보관함을 설치한 것이다. 셀카봉처럼 접었다 폈다 할 수 있어 3배 이상의 공간 확장이 가능하고, 온도 조절까지 가능하다. 주문한 택배물이 배송되면 알림이 오고, 보온이 필요한 음식이 배달되면 원격 온도 조절까지 가능하며 열쇠나 비밀번호, 지문 인식도 아닌 얼굴 인식만으로 보안이 가능하다는 점에서 매우 기특하고 똑똑한 녀석이다. 비싼 가격과 설치 비용이 우려스럽긴 하지만 말이다.

이와 비슷한 녀석은 또 있다. 미국에서 출시된 '박스록(BoxLock)'이라는 자물쇠는 집 앞에 배치된 택배 보관함의 보안을 책임지는 동시에 택배 상자에 부착된 바코드를 보여주면 자동으로 열리는 자물쇠다. 와이파이 연결이 필요하지만 주문한 물품에만 부여된 바코드만을 인식한다는 점에서 주문자와 배송 요원 모두에게 편리한 기능임에는 분명하다.

이렇게만 보면 기술이 편리한 방향으로 흐르는 듯 보이지만, 결코 그렇게만 생각해서는 안 된다는 이야기를 하고 싶다. 앞서 언급한 '카이니아오' 얼굴 인식 택배 보관함이나 '박스록' 자물쇠의 경우, 똑똑하고 기특한 재능을 가진 녀석임에는 틀림없다. 하지만 그렇게 되면 알리바바, 아마존, 월마트와 같은 전자상거래 기업은 상품 판매 시점에서 구매자에게 최종 전달되기까지의 과정을 데이터로 수집해야만 분석할 수 있다. 이는 다시 일대일 맞춤식 상품 추천이 가능한 동시에 비교적 정확한 시간에 맞춤식 배송이 가능하다는 것을 의미하기도 한다. 정리하면, 판매 데이터에서 상품 수령 시간 데이터까지 그들만의 다양한 레시피가 만들어진다.

냉장고와 온장고, 충전과 보안이 가능한 현관문이 개발된다면 어떨까? 상품 수령 시간 데이터까지 확보할 수 있다면, 이런 현관문을 빨리 개발해야 하지 않을까?

✖ 카이니아오 스마트 라커와 박스록

알리바바 애니멀

지은이 밀런
신문

고양이가 온라인 쇼핑몰을 하고,
물고기가 중고 거래를 한다.

돼지가 관광할 때,
새우가 음악을 하고,

새가 물류를 담당할 때,
하마가 신유통을 진행한다.

부지런한 개미가 모든 금융을 관리할 때,
아프리카에 사는 벌꿀 오소리는 반도체를 만든다.

열려라 참깨를 외치던 알리바바는
그렇게 세상을 열어가고 있다.

───── 해설 혹은 힌트 ─────

　중국의 알리바바는 동물들의 특성을 고려해 동물의 이름으로 계열사 이름을 짓는다. 온라인쇼핑몰(전자상거래)은 '텐마오(고양이)', 중고 온라인쇼핑몰은 '셴위(물고기)', 여행사이트는 '페이주(돼지)', 음악사이트는 '샤미(새우)', 물류는 '차이냐오(새)', 신유통(신선식품 슈퍼마켓)은 '허마셴성(하마)', 금융(핀테크)은 '앤트파이낸셜(개미)', 반도체는 '핑터우거(벌꿀 오소리)'다.

　'핑터우거'의 경우, 몸길이 60cm, 몸무게 약 10kg 정도로 작지만 거칠고 사나운 성질을 지녀 자기보다 큰 동물을 상대로 덤벼들기도 하는 족제빗과 동물에 속한다. 기존 대형 반도체 업체를 상대로 거칠게 도전하겠다는 의미에서 알리바바 회장 마윈이 직접 작명했다고 한다.

(이미지 출처: 각 웹사이트)

페이스북이 스마트 슈트를 입으면
산업 지형이 바뀐다

> 군복은 베르사체, 쇼핑은 게임 맵,
> 소개팅은 뉴욕에서 ▼

스마트 슈트, 가상현실에 빠지다

다소 타이트해 보이는 옷을 입는다. 바지를 입고 타이트해지도록 펴서 올려 입는다. 허리춤까지 바지를 입었다면 이어서 윗도리를 입는다. 역시 주름지지 않게 골고루 펴서 입는다. 그래야만 전신에 장착된 수십 개의 센서와 햅틱 피드백 장치들이 몸의 움직임을 측정하고, 저주파 안마기와 같은 자극을 느낄 수 있으니까 말이다. 양손에는 장갑을 착용한다. 손가락 마디마디마다 장착된 센서들과 햅틱 피드백 장치 그리고 엔터 키와 같은 버튼들이 사용자의 움직임에 세세하게 반응할 수 있게 해주니까 말이다. 마지막으로 페이

114

스북이 개발한 오큘러스 VR HMD를 머리에 착용하고 추적기까지 장착하면 추운 겨울 스키장에서 스키 장비를 세팅하듯 모든 준비가 끝난다.

가상현실상에서 스마트 슈트는 그야말로 만능이다. 사용자와 똑같은 체형의 아바타가 게임 속 주인공이 됐다가 쇼핑객이 되기도 하고, 다시 원격으로 로봇을 조정하는 개발자가 됐다가 소개팅에 나서는 사람이 되기도 한다.

적이 쏜 총에 허벅지를 맞았다면 햅틱 피드백 장치가 '찌릿'하는 느낌을 전달한다. 이와 동시에 게임 속 아바타의 에너지가 30% 감소한다. 키가 작은 사용자는 유리할 수 있다. 전신에 장착된 센서가 사용자의 신장까지 측정해 게임 속 아바타로 투영되기 때문이다. VR 전용 트레드밀(러닝머신)에서 게임을 즐긴다면 탁월한 운동 효과는 덤이다.

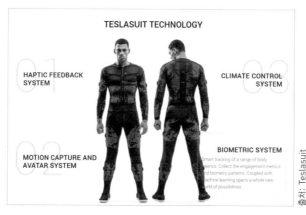

✖ VR용 햅틱 슈트

스마트 슈트가 게임에서만 빛을 발하는 것은 아니다. 굳이 게임을 할 필요는 없다. 게임을 하듯 쇼핑을 즐길 수 있으니까 말이다. 예를 들면 이런 식이다. 게임 속에서 총에 맞아 구멍이 난 바지가 맘에 들지 않는다면, 게임 속 맵에 위치한 백화점에서 원하는 바지를 구매할 수 있다. 여유가 있다면 군복 디자인의 베르사체 명품 바지를 구매해도 좋다. 블록체인 기술이 적용된 암호화폐로 결제할 수 있기 때문에 향후 중고 거래도 가능하다. 게임 속 전쟁터에서 굳이 군복을 고집할 필요는 없다. 눈에 띄는 복장이라면 게임 속에서 불리할 수는 있겠지만, 웨딩드레스나 산타클로스 복장도 백화점에서 구매해 장착할 수 있다. 단점은 본인 사이즈에 맞는 재고가 없을 수도 있다는 것이다. 유니클로나 자라에서 리미티드 에디션으로 유명 디자이너와 협업한 신상품 의상이라면 더더욱 그렇다. 해당 브랜드의 로고가 노출되는 의상이라면 저렴하거나 무료로 의상을 착용할 수도 있다. 그래야만 PPL 효과를 얻을 수 있으니까 말이다.

그렇다. 게임 속에서 착용했던 본인 사이즈의 의상이 그대로 쇼핑으로 이어지고 페이스북 프로필에도 반영된다. 스마트 슈트가 측정한 사용자의 신체 사이즈 정보가 모든 분야에 실시간으로 전달된다는 것은 산업 지형이 크게 바뀔 수 있다는 것을 의미하기도 한다. VR 아바타를 꾸미는 용도라면 게임을 즐기지 않는 이들에게는 무용지물이다. 하지만 VR 아바타 의상을 구매하는 동시에 실제 의상까지 주문할 수 있게 된다면 어떨까? 이와 반대로 자신의 신체 사이즈가 정확하게 반영된 다양한 의상이나 액세서리가 쇼핑 목록에 추천되는 동시에 아바타 형태로 보인다면 어떨까? 이미 3D 스캔으로 사용자의 얼굴이 다양한 이모지 형태로 생성돼 아바타와 결합한 후 내일 출근 의상, 소개팅 의상, 결혼식 하객 의상 콘셉트로 추천된다면 어떨까? 구매 욕구가 마구 솟구치는 동시에 인스타그램에 올려 친구들의 '좋아요' 통계로 구매를 결정하게 될지 모른다. 수수료 없이 암호화폐로 결제되는 만큼 글로벌 쇼핑 환경이 VR상에서 가장 먼저 선보이게 될 것이다.

데이팅 서비스

결국은 광고와 판매 수수료를 통해 수익을 올린다고 생각될 수 있겠지만, 꼭 그런 것만은 아니다. 최근 페이스북은 데이팅 서비스를 시범 출시했다. 페이스북 스타일의 '듀오' 정도로 생각하면 된다. 다시 말해, 이성 간의 관계를 이어주겠다는 것이다. 어쩌면 페이스북이 가장 자신 있는 분야일지 모른다. 페이스북 사용자는 약 22억 명이다. 그중 프로필에 싱글로 표시된 사용자는 약 2억 명에 달하고, 프로필을 설정하지 않은 사용자까지 감안하면 5억 명에 달할 수 있다. 그들의 취미, 이상형, 스타일, 음식, 종교, 음악과 같은 관심사 데이터를 바탕으로 최적화된 맞춤식 상대방을 연결하겠다는 것이다.

과거 우리는 '스카이러브', '세이클럽'과 같은 채팅 사이트에서 말이 잘 통하는 이성과 흔히 말하는 '벙개'를 통해 만남을 가졌다. 조작된 사진과 거짓된 정보에 실망했던 경험 한두 번은 있을 것이다. 결국, 이성 간의 만남에서 중요한 것은 '진실성'이다. 이를 기술적으로 보완하고, 알고리즘으로 최적의 상대를 추천할 수 있다면 굉장한 경쟁력이 될 수 있다. 그런 측면에서 페이스북은 막강하다. 이미 위치 정보를 이용해 사용자 주변의 이성을 추천하는 '틴더(Tinder)'의 경우, 196개국 5,000만 명 이상의 가입자를 보유하고 있고 매출은 4억 달러에 달한다. 여성들만 이성을 고를 수 있는 '범블(Bumble)'의 경우, 2,500만 명의 가입자를 보유하고 있고 기업 가치는 10억 달러로 평가되고 있다.

후발 주자로서 시장 진입에 불리하다고 생각될 수 있지만, 이와 반대로 기존 경쟁자의 노하우를 학습함으로써 불편한 점은 보완하고 더 나은 서비스를 제공해 더 빨리 시장에 안착할 수 있다. 더욱이 페이스북은 오랫동안 페이스북 사용자들 간의 관계를 연결해왔던 노하우를 활용해 상대방의 추천을 사전에 필터링할 수 있고, '틴더'와 '범블'의 사용자 중 대다수가 기존 페이스북의 계정을 갖고 있다는 측면에서 비교를 통해 더 나은 데이팅 서비스를 제공하는 페이스북으로 유입될 가능성이 높다는 장점도 지녔다. 다시 말해, 추천된 이성의 프로필이나 가입한 그룹, 관심사, 게시물에 태그한 키워드를 분석해 추천이 이뤄지는 만큼 가입자가 직접 입력한 정보에만 의존하는 타 데이팅 앱과 차별화가 가능하다는 것이다. 기존 서비스가 영화 장르나 좋아하는 배우 등과 같은 정보 입력을 통해 매

칭이 이뤄졌다면, 페이스북은 실제로 관람한 영화나 뮤지컬 등의 게시물을 바탕으로 추천한다.

과거 채팅을 통해 이성과 소통하는 방식은 지금의 메신저로 소통하는 방식과 별반 다를 것이 없다. 그렇기 때문에 VR 아바타를 통한 이성 간의 연결이 더 의미 있을지 모른다. 제주 바닷가, 스위스 융프라우요흐, 파리 에펠탑, 캐나다 그랜드캐년, 뉴욕의 한복판에서 만남을 갖거나 VR 게임을 즐기며 게임을 통해 관심사를 공유하는 소개팅 방식이 다양하게 시도될 수 있다. 각자의 집에서는 타이트한 스마트 슈트를 입었지만 VR상에서는 소개팅 장소에 걸맞은 의상으로 꾸밀 수 있고, 선물도 가능하다. 더 중요한 것은 그들의 첫 만남이 모두 실시간으로 녹화돼 기록된다는 점이다. 결혼까지 이어진다면, 그와 같은 첫 만남의 기록은 기억과 더불어 오랫동안 보관돼 매년 알림을 통해 서로에게 전해질 것이다.

정리하면, 페이스북이 스마트 슈트를 입으면 산업 지형이 바뀔 수도 있다. VR에서 쇼핑하고, 운동하고, 게임하고, 소개팅하고, 공부하고, 회의하면서 거래까지 가능해진다. 오프라인 유통업의 강자는 '월마트'지만, 온라인 유통업의 강자는 '아마존'이다. 월마트에서 구매할 수 있는 상품이 아마존에도 존재한다. 차이는 고객 관심사에 대한 데이터 수집과 분석에 있다. 월마트가 보유한 자산의 가치는 아마존보다 크다. 하지만 세상은 유형의 자산보다 무형의 자산을 보유한 기업의 가치를 더 높게 평가한다. 그런 측면에서 가상현실에서까지 소셜 네트워크로 연결되는 세상을 상상해보면 무한한 무형의 가치가 페이스북을 평가하게 될 것이다.

　재래시장에서 대형 마트에서 길거리 쇼핑몰에서 쇼핑하며 담았던 쇼핑백이 배송된 택배 박스 수량보다 적다면, 가장 먼저 VR 아바타를 생성하기 위한 스마트 슈트에 관심을 가졌으면 한다.

5

책 읽어주는 침대

듣는 즐거움이 기술을 만나 외로움까지 달랜다

읽을 때와 들을 때

필자는 주로 운전 중에 기사를 읽는다. 아니 기사를 듣는다. 아이폰 '사파리' 앱에서 기사를 열고, 좌측 상단을 누르면 광고나 불필요한 아이콘들을 모두 빼고 온전히 기사만 노출된다. 신호 대기 중에 손가락 2개를 들어 아이폰 화면 위에서 아래로 쓸어내리면 기사가 읽힌다. 아이폰 비서 '시리'가 또랑또랑한 목소리로 기사를 읽어준다. 물론 쉼표, 마침표, 물음표, 느낌표 구분 없이 읽기 때문에 실제로 체감하는 기사 내용의 이해율은 60% 정도에 불과하다. 이해율이 떨어지니 오랫동안 듣기는 어렵다. 그러다 자연스럽게 라디오로 옮겨간다.

　가끔 같은 내용의 글을 읽는 것과 듣는 것이 어떤 차이가 있을까 궁금해질 때가 있다. 하루는 한 챕터의 글을 읽고 잠을 청했다. 다음 날은 같은 챕터의 글을 듣고 잠을 청했다. 읽을 때는 몰랐는데, 책 속의 글을 듣기 위해서는 복잡한 과정을 거쳐야 했다. 필자에게 책을 읽어줄 수 있는 대상은 '시리'뿐이다. 그렇기 때문에 책 속의 글을 모두 타이핑해야 했다. 10페이지에 달하는 글을 모두 타이핑할 생각을 하니 '굳이 할 필요가 있나?', '읽었으면 됐지, 굳이 들을 필요까지 있나?' 하는 푸념을 하면서도 이번만 하고 차이가 없으면 하지 말자는 다짐으로 10페이지의 글을 모두 메모장으로 옮겼다. 다시 이 글을 '내게 쓰기' 이메일로 보내고, 스마트폰에서 이메일을 열어 다시 아이폰 '메모' 앱으로 옮겼다. 잠들기 전, '시리'에게 다음과 같이 명령했다.

　"손정의에 대한 메모 읽어줘."

　읽었던 책은 손정의에 관련된 신간 서적이었다.
　'시리'가 읽어주는 책을 들으며 잠들 생각을 하니 조금 설레는 기분이 들었다. 타이핑의 고단함과 옮기는 번거로움을 보상받는 기분이랄까? 아무튼 명령을 알아듣고 '시리'가 읽기 시작했다. 어제 한 번 읽었고 타이핑까지 했던 터라 귀에 쏙쏙 들어왔다. 문제는 하품도 하기 전에 읽기가 끝나버린다는 사실이다. 허무했다. 읽을 때는 엎드려 독서등을 켜고 하품을 섞어가며 책을 봤지만, 들을 때는 편하게 누워 눈을 감고 듣기만 하니 빨리 끝났다. 빨리 듣고, 빨리 이해할 수는 있었지만, 깊게 이해하지는 못했다. 떠오르는 아이디어 역시 많지 않았다. 오히려 들을 때보다 타이핑하며 더 많은 아이디어를 떠올렸던 같다. 읽었던 내용을 타이핑하고, 들었기 때문에 그런 것은 아닐까 하는 생각에 읽지 않은 다음 챕터의 내용을 옮겨볼까도 생각했지만, 타이핑하기가 귀찮았다. 타이핑할 시간에 모바일로 새로운 기사를 하나 더 읽는 게 효과적일 것이다.

아마존 폴리

세계 최고 부자 '제프 베조스'가 창업한 아마존 서비스 중에는 '아마존 폴리(Amazon Polly)'라는 것이 있다. 텍스트를 생생한 음성으로 변환해 들려주는 서비스다. 보통 TTS(Text to Speech)라고 한다. 내용을 키보드로 입력하면 사람의 음성을 모방한 기계음으로 방송해주는 서비스를 말한다. 아파트에서 들려오는 대부분의 방송 TTS다. 여기에 실제 사람의 목소리와 음률까지 문맥에 맞춰 생성해내는 것이 '아마존 폴리'다. 앞서 필자가 타이핑했던 텍스트를 '아마존 폴리' API로 전송하면 즉시 오디오 형태로 들려주고, 표준 오디오 파일 형식으로 저장까지 할 수 있다. 필자가 원하는 서비스를 아마존에서 제공하고 있었다. 한국어 지원도 가능하다.

✖ 아마존 폴리

'시리'는 쉼표, 마침표, 물음표, 느낌표 구분 없이 읽었던 터라 이해하는 데 어려움이 많았지만, '아마존 폴리'는 그러한 문맥까지 인지해 발음을 구분한다. 굳이 예를 들자면 다음 문장의 경우, '카톡'을 '카카오톡'으로 읽어주고, 영어 'Live'의 경우도 동사와 명사인 경우를 구분해 다르게 발음한다.

"잘 가~ 카톡(카카오톡) 할게."

"We live (리브) for the music, live (라이브) from the Madison Square Garden."

좋은 서비스에 무료는 없는 법! 만약 필자가 앞서 타이핑했던 10페이지 분량의 책을 '아마존 폴리' 서비스를 활용해 음성으로 들었다면, 대략 0.03달러의 비용을 결제해야 한다. 300페이지 책 한 권에 2,000원~3,000원의 추가 비용을 결제하면 사람처럼 들을 수 있다는 이야기다. 기사와 책이 이와 같이 서비스된다면, 또는 지금 필자가 쓰고 있는 이 글마저도 '아마존 폴리'가 멋지게 읽어준다면 더는 바랄 게 없을 듯하다.

책 읽어주는 침대

한국어 서비스가 가능한 '아마존 폴리'가 침대에 적용된다면 어떨까? 유튜브와 웹툰, 네이버 기사를 보며 눈의 피로를 호소했던 이들에게 듣는 즐거움을 선사하지 않을까? 듣는 즐거움은 음악 말고도 다양하게 응용될 수 있다.

요즘 방송에서 자주 언급되는 'ASMR(Autonomous Sensory Meridian Response)'이 바로 그것이다. 일상의 소리를 통해 심신의 안정을 제공하는 백색소음을 말한다. 2단계 분유를 먹는 필자의 아들에게 청소기 소리를 들려주는 것도 이에 해당한다. 누군가는 파도 소리를 들으면서 잠을 청하고, 누군가는 텔레비전 소리를 들으면서 잠을 청하고, 수험생은 도서관의 책 넘기는 소리를 들으면서 공부하고, 시험공부에 지친 대학생은 클럽 디제잉에 맞춰 춤추는 소리를 들으면서 기분을 내고, 직장인은 인천공항의 활기찬 소리를 들으면서 여행 기분을 낸다.

최근에는 외로운 솔로들을 위한 ASMR까지 등장했다. '고막 남친', '고막 여친'이다. 대략 10~15분간 이런 대사들이 이어진다.

"밥 머거떠? 안 머거떠? 나 없다고 안 먹었구나. 늦게까지 야근 하느라 지쳐서 입맛도 없겠네. 밤늦게 먹으면 안 좋으니까 오늘은 참고 내일 아침밥 먹어. 내가 자장가 불러줄게."

잦은 야근으로 지친 솔로남을 위로해준다. 민망하고 어색해서 누가 듣겠나 싶지만, 이미 30만 명에 가까운 이들이 이런 식으로 위로를 받았다. 이외에도 연인의 모닝콜, 수업 중이나 회의 중에 몰래 주고받는 진동음과 메시지 타이핑 소리, 곱창집에서 대창을 구워 먹으며 연인과 나누는 대화 등 다양하게 응용되고 있다.

책 읽어주는 침대에서 외로움을 달래주는 침대, 기분 좋은 상황으로 연출해주는 침대 등 좋은 매트리스와 품질 좋은 스피커, 소리에 어울리는 조명 시스템까지 장착한 침대라면, 기분 좋게 잠들거나 깨어날 수 있지 않을까?

필자는 지난 책(『테슬라와 아마존을 알면 데이터 금융이 보인다』)에서 '수면 테크에서는 코골이, 이갈이도 빅데이터가 된다.'라는 내용의 글을 썼다. 여기에 인간을 위로하는 다양한 ASMR도 수면 테크만의 빅데이터가 돼 무형의 자산이 될 수 있다는 사실을 추가했으면 한다.

6

화장하며 출근하는
뷰티 자율주행차

승객이 뷰티하면, 환경도 뷰티해질 수 있다

손발이 자유롭다

흔히 생각하는 자율주행 자동차는 손과 발을 놓고 편하게 운전하는 정도로 생각하는 이들이 많다. 손발이 자유로워지면 운전에 소요됐던 시간을 온전히 동영상 관람이나 음악을 듣는 일 등에 할애할 수 있게 된다. 그렇기 때문에 유튜브나 스포티파이, 페이스북, 인스타그램 그리고 넷플릭스까지 자율주행 자동차가 상용화되면 가장 먼저 혜택을 보는 기업이 될 것으로 생각된다. 물론, 여기까지는 많은 이들이 예측하는 부분이다.

여기에 필자의 생각을 덧붙이고자 한다. 경기도에 거주하는 필자는 차를 타고 한 번 이동하면 최소한 한 시간 이상이 소요된다. 특히 용인까지 이동할 경우에는 두 시간 이상이 소요된다. 거리로 치면 분명 먼 거리가 아닌데 교통 상황이 거리에 비례하는 만큼 시간을 허락하지 않는다. 그럴 때면 자율주행 자동차에 대한 필요성을 절감한다. 하루 평균 2~3시간 정도를 운전에 낭비하는 이들에게 손발이 자유로운 자동차는 어떤 변화를 가져다줄까? 필자는 이런 생각을 굉장히 좋아한다.

일단, 일산에서 서울 도심까지 출근하는 여성을 떠올려본다. 아침 6시쯤 일어나 씻고, 화장하고, 머리를 손질하고, 옷을 입고, 구두를 신고, 마지막으로 거울을 보며 출근 준비를 한다. 7시 20분쯤 버스나 지하철 혹은 자가용을 타고 출근길에 나선다. 회사에 도착한 시간은 8시 50분. 그렇게 하루 평균 3시간 가까이 이동하는 데 소비한다. 필자는 남자다 보니 면도와 머리 손질 외에는 출근 준비에 많은 시간이 걸리지 않는다. 뷰티 자율주행 자동차에 대한 아이디어는 그렇게 시작됐다.

잠들기 전, 자율주행 자동차를 서비스하는 기업의 앱을 열고 예약한다. 혹은 인공지능 스피커에 음성 명령으로 예약한다. 보통날은 아침 6시부터 일어나 출근 준비에 나섰겠지만, 자율주행 자동차 서비스를 이용하고 난 후부터는 7시에 일어나 간단히 준비만 하고 7시 20분쯤 예약한 서비스를 이용한다. 출근 준비에 분주했던 일련의 과정들은 모두 차 내에서 해결한다. 메이크업에 필요한 화장품과 미용 도구, 드라이기, 고대기까지 화려한 조명 아래 말끔히 세팅

돼 승객을 맞는다. 평소 본인이 갖고 있던 화장품보다 더 다양하고 좋은 도구와 기구들이 차 내에 배치돼 있다. 더 놀라운 것은 매주 새로 출시된 화장품의 샘플까지 미리 테스트해볼 수 있다. 그것도 무료로 말이다. 어디 그뿐일까? 뒤편에는 사용자에게 최적화된 맞춤식 스타일의 의상과 구두가 비치돼 있다. 아침 일찍 일어나 화장을 하고 머리를 손질하고 어떤 옷을 입을까 고민하는 일까지 모두 출근길 차 내에서 해결할 수 있는 것이다. 평소 6시에 일어나야 했던 하루의 시작이 한 시간 더 늦춰져 여유 있는 아침을 맞이하는 셈이다. 귀찮고, 번거로워 챙겨 먹지 않던 아침 식사까지 자율주행 자동차 서비스를 이용하고 난 후부터는 오히려 더 챙겨 먹게 된다. 전날 자율주행 자동차 예약과 동시에 원하는 아침 식사 메뉴를 사전 주문할 수 있기 때문이다.

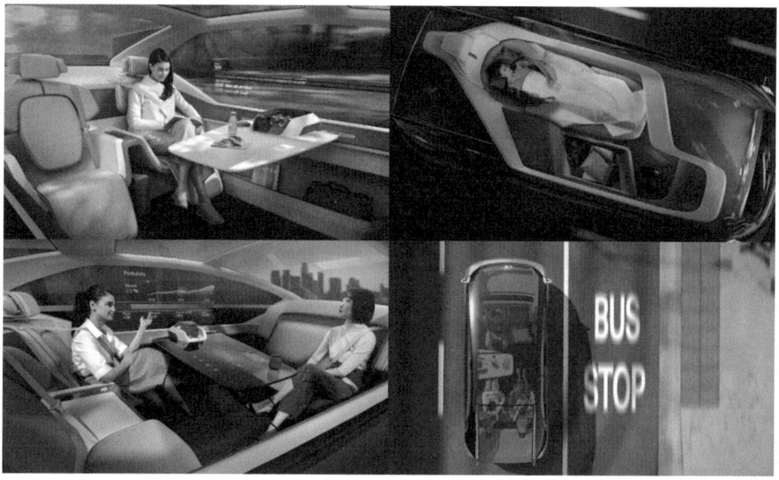

출처: 볼보 웹 사이트

✖ 볼보 360c 콘셉트카

문제는 평소 버스나 지하철을 이용할 때보다 비용 지출이 많아지지 않을까 우려된다는 점이다. 하지만 이러한 우려는 간단히 해결될 수 있다. 먼저 혼자 이용하게 될 경우 비싼 비용을 내는 것은 당연하다. 만약 혼자가 아닌 같은 시간대에 같은 방향으로 출근하는 다른 승객들과 합승하게 된다면 어떨까? 함께 인사하고, 서로 안부를 묻고, 서로 화장도 해주고, 서로 헤어스타일도 봐주고, 함께 아침 식사까지 나눠 먹을 수 있다. 합승하는 인원이 많을수록 비용은 저렴해진다. 또한 자동차에 부착된 광고나 차 내에 설치된 모니터에서 노출되는 광고까지 허락하면 비용은 좀 더 저렴해질 수 있다.

자율주행 자동차의 이용 조건은 월정액이나 연간 단위로 결제하고 회사에 출근하는 주중에는 뷰티 자율주행 자동차를 사전에 예약하고, 퇴근길에는 쌓인 피로를 풀어주는 안마 기능에 특화된 자율주행 자동차를 선택할 수 있다. 주말은 어떨까? 가족과 함께 나들이를 한다면 이 역시 캠핑에 특화된 자율주행 자동차를 사전 예약을 통해 이용할 수 있다. 뒤편에 배치된 의상 역시 월정액으로 결제하고 빌려 입는다. 본인에게 맞는 사이즈와 의상 스타일, 선호하는 색을 사전에 등록하면 업체별로 특화된 알고리즘을 활용해 고객에게 최적화된 스타일을 코디할 수 있다.

전기 자율주행 자동차

앞에서 언급한 모든 서비스가 가능하게 하려면 9인승 이상의 승합차가 필요할 것으로 생각할 수 있지만, 꼭 그런 것만은 아니다. 운전대가 사라지고, 엔진도 사라지고, 시동 버튼과 소음 역시 사라졌다. 엔진 대신 모터로 움직이고, 그 모터는 배터리의 힘으로 작동되다 보니 경차 정도 사이즈의 자동차 크기만으로도 충분히 모든 서비스를 이용할 수 있다.

일자리 감소에 대한 우려가 예상될 수도 있겠지만, 앞서 언급한 모든 서비스가 가능해지려면 더 많은 일자리가 창출될 가능성도 있다는 사실을 결코 배제해서는 안 된다.

이미 미국 최대 인터넷 기업 구글은 자율주행 자동차 서비스를 위해 '웨이모'라는 별도의 법인을 설립하고 자율주행 택시 서비스 상용화를 앞두고 있다. 아직은 전기자동차가 아닌 우리나라의 카니발 자동차와 비슷한 승합차에 자율주행에 필요한 라이다(LiDAR)와 카메라, 센서 그리고 구글이 개발한 자율주행 시스템 등을 장착한 차량이지만, 향후 자율주행 전기자동차로 전환될 가능성 높다.

✖ 구글 자율주행 '웨이모'

어린이집과 유치원으로 등원하는 아이들, 초등학교·중학교·고등학교로 등교하는 학생들, 주일이면 교회에 가는 사람들, 스타필드를 찾고, 이케아를 찾고, 백화점을 찾는 모든 이들에게 무료 자율주행 자동차가 제공된다면 지금보다 탄소 배출에 대한 부담감은 많이 줄어들 것이다. 뷰티 자율주행 자동차 서비스가 차 내에서 메이크업이 가능한 공간으로 생각했겠지만, 그렇게 자신의 아름다움이 꾸며지는 동시에 환경도 뷰티하게 가꿔지고 있다는 사실을 기억했으면 한다.

전기차 구매 시
자율주행 모빌리티가 옵션

충전 후 이동할 수 있는 모든 것은 옵션이 될 수 있다 ▼

자율주행 유모차

'스마트 비(Smart Bee)'라는 유모차가 있다. 스마트폰 앱을 활용하면 원격으로 조종할 수 있고, 유모차를 잡지 않아도 스스로 이동할 수 있다. 또 유모차 내부를 따뜻하게 데울 수 있고, 차가운 분유도 데울 수 있으며, 캐노피 조절, 알람 설정, 내부에 설치된 카메라로 실시간 확인까지 할 수 있다. 특히 유모차를 직접 잡지 않아도 이동할 수 있기 때문에 런닝(운동)하는 엄마의 메이트가 돼주기도 한다. 필자가 이 제품을 구매하기 위해 알아본 결과 자율주행 기능이 추가되면 400만 원이 넘었고, 이런저런 편의 사양을 하나씩 제외할 때마다 비용이 낮아졌다. 다시 말해, 모든 편의 사양이 옵션이었다. 결국 '스마트 비'는 자율주행 관련 칼럼을 위한 소재로만 활용하고 있다.

전기차와 자율주행에 대한 관심이 뜨겁다. 아직은 관심만 뜨겁다. 이런저런 관련 기사가 매일같이 쏟아지기는 하는데, 자동차와 자율주행을 글로만 익히려니 쉽게 와 닿지 않는다. 과거 20달러 피자 두 판을 비트코인 1만 개로 구매했던 시절이 있었다. 그때 역시 비트코인은 기사 속 텍스트에 불과했다. 직접 비트코인 거래에 참여하고 누가 얼마를 벌었네, 이더리움이 있네, 리플도 있네 하며 온갖 언론과 미디어가 떠들어줘야 시장은 확대된다. 그렇다. 횡단보도에 서서 신호를 기다리는 동안 최소 10대 정도의 전기차와 자율주행차를 보고 직접 몰아봐야 안다. 심리상 '다른 사람도 전기차를 타는구나', '자율주행차가 안전하구나', '검색해보니 좋은 점이 많구나' 하고 여러 번 확인해야 하는 것이다.

바퀴 달린 모든 것은 자율주행이 된다

테슬라의 특징은 크게 다섯 가지로 나눌 수 있다. 일단, 엔진이 없다. 그렇기 때문에 화석 연료 대신 전기를 사용해 배터리를 충전하고, 그 배터리의 힘으로 모터를 돌린다. 또한 스마트폰처럼 데이터를 사용할 수 있기 때문에 음악, 동영상, 내비게이션과 같은 다양한 편의 사양이 가능하다. 가장 큰 특징 중 하나는 자율주행이다. 이는 운전 중 손과 발이 자유롭다는 의미이기도 하다.

이와 같은 테슬라의 가능성은 미국 자동차 기업 시가총액 1위를 달성하게 만들었다. 아직은 횡단보도에 서서 지나가는 테슬라를 본다는 게 롤러스케이트 장에서 김연아를 만나는 것만큼이나 어렵지만, 대량 생산이 가능해진다면 시장은 무섭도록 빠르게 확대될 것이다.

문제는 자율주행, 무인자동차에 대한 상상이 너무 높이, 너무 멀리까지 나아가고 있다는 데 있다. 관련 직업군이 사라진다거나 운전면허가 필요 없어지거나 인명 사고가 일어났으니 규제를 재정비해야 한다거나와 같은 비판적, 부정적 시각이 우선한다는 것이다. 관련 지식이 부족하면 일단 비꼬아 보는 것이 가장 쉽기 때문이다.

핵심은 자율주행이나 무인자동차가 아니다. 배터리와 모터, 데이터에 집중해야 한다. 배터리 충전이 가능한 자동차는 그 자체로 이동식 ESS(에너지 저장 시스템)가 된다. 다시 말해, 자동차 충전을 위해서는 별도의 충전 공간이 필요하지만 그 외에 퍼스널 모빌리티와 같은 소형 배터리가 장착된 제품에는 자동차 자체가 충전 시스템이 되는 것이다.

필자가 아내와 두 아이를 데리고 4시간 거리에 있는 고향 집에 방문할 때면 늘 트렁크에 유모차와 전동 킥보드, 미니 드론, 캐리어를 싣는다. 바로 이 점이 자율주행과 무인자동차에 대한 가능성을 열어줄 수 있다고 본다. 일단, 전제 조건은 다음과 같다.

'바퀴 달린 모든 것은 자율주행이 된다.'

자율주행에 필요한 라이다 기술과 센서, 카메라 인식 기술 등이 5G와 클라우드, 엣지 컴퓨팅과 같은 융합 기술과 어울려 새로운 직업군과 사업군을 무궁무진하게 만들어낼 수 있다는 점이다.

앞서 언급했던 '스마트 비'와 같은 자율주행 유모차의 경우, 배터리를 에너지원으로 한 온도 조절과 이동, 기기 작동 등이 가능했고, 바퀴로 인해 어디든 이동이 가능해지면서 스마트폰과 연동시킬 수 있었다. 이는 엔진이 사라진 자리에 충전이 필요한 자율주행 모빌리티를 장착함으로써 자동차 산업이 아닌 모빌리티 산업으로의 생태계가 새롭게 자리 잡을 수 있는 가능성을 열어준 것이다. 실제로 자율주행 캐리어나 드론, 킥보드(스쿠터), 유모차는 시중에서 구매할 수 있다. 이 모든 이동 수단이 자동차와 결합해 멋진 디자인으로 재탄생하면 그야말로 이동 생태계에 새로운 수요가 창출될 것으로 본다.

출처: 린스피드, BMW 웹 사이트

✖ 린스피드 이토스, BMW i8 스파이더 킥보드

지하철역까지 마을버스를 타고 이동한 후 지하철을 타고, 다시 마을버스로 목적지까지 이동하는 이들이 많다. 또 외부 주차장과 목적지와의 거리가 애매모호하게 멀거나 가깝다면 앞서 언급했던 사례들이 매우 유용할 수 있다. 예를 들어, 저렴한 외부 주차장에 주차하고 트렁크에서 완충된 전동 스쿠터를 타고 편하게 회사까지 이동할 수 있다. 또 유모차에 장착된 베이비 시트 대신 물건을 실을 수 있는 거치식 스토리지를 장착하면 자율주행 쇼핑 카트처럼 사용할 수 있다.

이미 미국에서는 전동 스쿠터가 중국의 오포, 모바이크(공유 자전거)처럼 공유 비즈니스의 하나로 자리 잡고 있다. 공유 자전거와 운영 시스템은 같지만, 차이점은 크기가 작아 이동과 보관이 쉽다는 점이다. 문제는 자전거와 달리 전동 스쿠터는 충전이 필요하다는 문제를 안고 있다. 이 문제 역시 지혜롭게 대처하고 있다. 일단, 직원들이 차로 이동하면서 일일이 찾아다니며 충전한다. 여기까지는 일반적인 대처 방안이지만, 지혜롭다고 생각한 대안은 주변 상점에서 대신 충전해주면 5달러의 비용을 지급해 참여를 유도한다는 점이다. 이는 도난 방지 효과가 있고, 관리하기가 쉽다는 장점이 있으며 지도상에 상점이 노출된다는 점에서 홍보 효과까지 누릴 수 있는 1석 3조의 효과가 있다. 진정한 공유 경제의 모델을 보여주는 것이다.

어쩌면 우리는 자율주행 전기차 구매에 앞서 충전 호환이 가능한 퍼스널 모빌리티, 다양한 기기와 멋스럽게 어울릴 수 있는 자동차

디자인에 먼저 관심이 가는지 모른다.

선루프에 장착된 드론이 고속도로 휴게소에 들러 호두과자를 싣고 돌아오는 그 날이 되면 이동 생태계는 지금보다 많은 일자리를 만들어낼 것이라 믿어 의심치 않는다.

섹스로봇, 색시로봇

> 인간에 가깝도록 개발되는 기술에서
> 파생되는 가능성에 집중하라

킨키스돌스

캐나다 토론토에는 '킨키스돌스(KinkySDollS)'라는 섹스로봇 대여점이 있다. 언뜻 보면 실제 사람처럼 보이는 여성 로봇을 대여해주고, 방으로 안내하는 서비스를 제공한다. 간호사, 승무원, 선생님, 가수, 모델, 연예인 등 다양한 콘셉트로 꾸며진 로봇들이 진열돼 있고, 이들 중 원하는 로봇을 선택하고, 직접 들어 방으로 데려갈 수 있다. 인형이 아닌 로봇으로 표현하는 이유는 인공지능 기술과 실제 사람에 가깝게 만드는 기술이 적용됐기 때문이다. 합성수지를 활용해 사람의 피부보다 더 부드러운 느낌이 들도록 했고,

관절을 움직여 사용자가 원하는 자세로 조절할 수 있도록 했다. 더욱더 놀라운 점은 척추와 갈비뼈 같은 골격부터 신체 장기 하나까지 정교하게 만들어졌다는 점과 신체 부위에 따라 각기 다른 신음 소리로 반응하는 기능까지 갖췄다는 점이다. 이와 같은 기술은 향후 체온과 미세한 떨림 기능, 대화가 가능한 수준까지 갖춘 로봇으로 계속 개발되고 있고, 인기 있는 성인 배우의 신체를 그대로 본떠 만든 로봇까지 개발되고 있다. 현재 서비스 비용은 30분에 60달러 정도지만, 인기 성인 배우 로봇의 경우, 더 큰 비용을 추가 지불해야 할지 모른다. 물론, 여성용 섹스로봇도 있다.

✖ 킨키스돌스 웹 사이트

'킨키스돌스'는 이미 캐나다 토론토에 1호점이 있지만, 미국 텍사스주 휴스턴에 미용실이었던 매장을 변경해 2호점을 오픈할 계획이었다. 하지만 주민들의 반발로 시 당국은 매장 변경 신청을 불허했다. 아무리 로봇이라 하더라도 지역 이미지에 부정적인 이미지를 심어줄 수 있고, 또 그로 인해 더 많은 성매매가 이루어질 가능성이 높아질 수 있다는 이유에서다. 이와 반대로 '킨키스돌스' 사는 오히려 섹스로봇이 각종 성인병으로부터 안전하고, 실제 성매매보다 저렴하지만 성욕은 실제와 크게 다르지 않으며 인신매매 감소에도 기여할 수 있다고 주장한다. '킨키스돌스'는 아니지만 독일과 영국, 프랑스, 스페인에서는 이미 섹스로봇 대여 매장들이 성황리에 영업 중이다.

'리얼보틱스' 사에서 개발한 섹스로봇 '하모니'는 머리 쪽에 센서가 장착돼 있어 움직임이 감지되면 표정과 감정을 능동적으로 표현한다. 매년 20달러의 구독료를 내면 다양한 캐릭터를 생성하고, 반응과 학습 데이터를 업그레이드할 수 있다. 다만, 1,000~2,000만 원대의 로봇 가격은 부담스럽다. 2015년 전 세계 섹스 토이 시장 규모는 23조 4,000억 원에 달한다는 분석이 있다. 2020년 이후에는 가상현실과 결합해 시장 규모는 두 배 이상 성장할 것으로 예상된다.

일본은 이미 관련 산업이 주를 이루고 있다. 여기서 말하는 관련 산업이란 로봇과 섹스를 말한다. 로봇 분야에서도 앞선 기술을 보유하고 있고, 섹스 관련 산업에서도 작지 않은 시장을 보유하고 있다. 결국, 이 두 산업의 융합이 더 큰 시너지를 만든다고 볼 수 있다. 대표적인 사례가 'VR섹스방'이다. 4차 산업 혁명의 대표 기술로 거론되는 가상현실 기술을 섹스 인형과 결합해 다양한 도구와 용품들을 끼워 팔면서 별도의 세탁 서비스와 샤워실까지 갖춰 성업 중이다. '킨키스돌스' 매장에서 원하는 로봇을 고를 수 있었다면, 'VR섹스방'에서는 VR 콘텐츠, 즉 가상의 여성을 고를 수 있다.

논란이 되는 부분은 사람이 아닌 로봇과 인형을 대여하고 이를 남성의 성욕을 해소하는 수단으로 이용했을 때, 사회의 부정적인 시각에서 결코 자유로울 수 없다는 점이다. 사실, 이와 같은 논란은 쉽게 해결될 수 없다고 본다.

색시로봇

섹시(Sexy)한 로봇이 아니라 갓 시집온 '색시'를 말한다. 세 가구 중 한 가구는 1인 가구고, 이들 중 절반은 고연령층이다. 필자는 섹스 산업에서 파생된 이와 같은 기술이 1인 가구를 위한 룸메이트의 개념으로 발전할 가능성이 높다고 본다. 실제로 일본의 경우, 홀로그램 인공지능 비서 '게이트박스'와 결혼했다는 한 남성의 소식이 전파를 타기도 했다. 손바닥 크기의 홀로그램 애니메이션 여자 친구 캐릭터와 챗봇을 통해 수시로 대화하고, 날씨에 맞춰 옷가지와 우산 등의 준비물을 미리 알려주고, 집에서 기다리고 있으니 빨리 퇴근하라고 조르고, 퇴근해서 집에 다다랐을 때쯤 집안의 전등과 보일러 등을 스스로 제어해주는 애니메이션 여자 친구 캐릭터가 바로 그것이다. 농담처럼 들릴 수 있지만, 애니메이션 캐릭터와의 교감이 '킨키스돌스'로 환생하는 상상이 현실이 될 가능성이 존재하는 것이다. 이 산업은 구독 방식으로 운용될 가능성이 높다. 매달 일정한 비용을 내면 한 달에 한 번씩 색시로봇을 바꿀 수 있고, 의상이나 가발, 새로운 소프트웨어로 업그레이드하는 조건 등의 부가 서비스가 제공될 수도 있다. 심지어 사별한 가족의 모습을 그대로 닮은 로봇까지 서비스될 수도 있다.

어쩌면 응큼한 상상이 될 수도 있고, 어처구니없는 상상이 될 수도 있고, 반가운 상상이 될 수도 있다. 중요한 것은 기술의 흐름이 그 상상을 현실에 가깝게 만들고 있다는 점이다. 혼자 있는 외로움을 달래줄 수 있는 기술, 여럿이 함께 있어도 혼자 있는 듯한 착각을 일으킬 수 있는 기술 등이 바로 그것이다. 섹스로봇과 색시로봇의 공통점은 인간이 아닌 줄 알면서도 인간에 가깝게 만들어질수록 그 가치가 커진다는 점이다. 인간에게 이로운 새로운 기술들은 수요와 공급의 균형을 맞춰가며 새로운 산업군으로 발전한다. 그곳에서 새로운 부가 가치가 창출된다면 인간에 가깝도록 개발되는 기술은 결코 멈추지 않을 것이고, 투자 역시 지속될 것이다. 그곳에서 파생될 수 있는 다양한 가능성에 집중했으면 한다.

얼굴책

지은이 **밀런
신문**

사진으로 소통하겄다고 매출도 없는 회사를
기어코 인수하네 그려

10초 있다가 사라진다는 메신저도 인수하려다 안 돼서
직접 개발했다 안 그런가

가상현실인가 뭔가 한다고 스무 살도 안 된 놈이 창업한 회사를
어마어마한 값에 또 인수했다고 소문이 파다하던디

뭐 하던 놈이여?
하버드에서 예쁜 여학생 선택하는 사이트 만들어서
대박 났다 안 그러던가

야후에서 10억 달러에 인수하겄다고 했는디
단박에 거절까지 했다 그러든디

제시한 내용과 가장 관련 있는 <u>인물</u>은?

에반 스피겔

A

마크 저커버그

B

사진으로 소통하겠다고 매출도 없는 회사를

기어코 인수하네 그려

첫 번째 단락에서 의미하는 <u>브랜드</u>는?

WhatsApp

A

Instagram

B

10초 후 사라지는 메신저로 유명한 앱으로
인수하려다 실패한 브랜드는?

스냅챗

A

웨이보

B

가상현실인가 뭔가 한다고 스무 살도 안 된 놈이 창업한 회사를
어마어마한 값에 또 인수했다고 소문이 파다하던디

세 번째 단락에서 의미하는 가상현실 브랜드와 창업자는?

팔머 럭키

A

레이 쥔

B

─── 해설 혹은 힌트 ───

페이스북

페이스북 창업자 마크 저커버그는 2004년 2월 하버드대 재학 시절 기숙사에서 하버드대 학생만 이용할 수 있는 사이트(더페이스북닷컴)를 개설했고, 이후 1년 만에 800여 개 대학으로 서비스를 확대했다. 시작은 하버드대 미남, 미녀를 선발하는 '페이스매시'라는 사이트였다. 필요한 학생의 사진은 하버드대 시스템을 해킹해 빼낼 수 있었고, 남학생 사이에서 큰 인기를 끌었다.

세계 최대 소셜 네트워크 서비스 기업으로 성장한 페이스북은 2017년 전 세계 월평균 이용자수 20억 명을 넘어섰고, 분기 광고 매출 규모는 10조 원에 가깝다. 지난 13년 성장 과정을 보면, 2006년 4월 PC에서 모바일로 서비스를 개시하면서 성장의 발판을 마련한다. 3개월 후 세계적인 인터넷 기업 야후의 10억 달러 인수 제안을 거절하면서 모든 언론의 이목을 집중시켰다.

인스타그램

인스타그램은 2010년 10월에 탄생했다. 창업 1년 동안 수익은 발생하지 않았지만, 이용자 수는 1,000만 명을 넘어섰을 정도로 인기였고, 텍스트가 아닌 사진 공유 위주의 소셜 미디어 플랫폼으로써 차근차근 입지를 다져가기 시작했다. 이후 2012년 4월, 페이스북에 인수됐다.

스냅챗

스냅챗은 공유된 사진이 일정 시간(10초)이 지나면 자동으로 삭제된다는 점에서 미국 10대 층에서 선풍적인 인기를 끌었다. 이후 스냅챗이 페이스북의 30억 달러(3조2,025억 원) 인수 제안을 거절하면서 큰 이슈가 되기도 했다.

오큘러스

오큘러스는 팔머 럭키(1992년생)가 2012년 6월에 창업한 가상현실 스타트업이다. 기존 가상현실 게임기에 만족하지 못하자 직접 관련 기기를 개발하면서 시작된 오큘러스는 안경이나 헬멧처럼 머리에 쓰는 방식의 제품인 '오큘러스 리프트'를 생산했다. 이후 2014년 3월, 20억 달러(약 2조2,000억 원)에 페이스북에 인수됐다.

요즘
지식

창의력은 장사꾼들의 거짓말이다.
하지만 세상은 거짓 가득한 상상력을 요구한다.

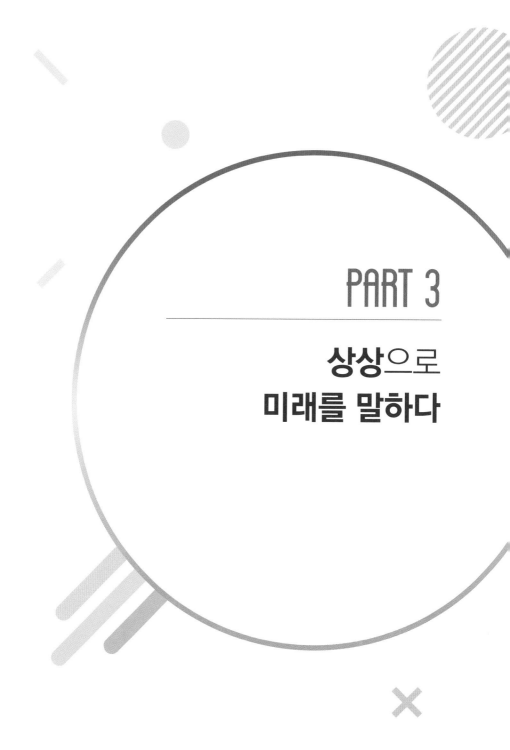

PART 3

상상으로
미래를 말하다

스타벅스네 떡볶이

떡볶이를 만드는 바리스타의 상상은
현실이 될지 모른다

떡볶이 텀블러

떡볶이는 텀블러의 중앙에 위치한다. 밑에는 어묵 국물, 맨 위에
는 튀김이 놓인다. 텀블러를 사용하면 300원을 할인받을 수 있고,
주문은 사이렌 오더로만 가능하다. 학교 앞 컵 떡볶이의 업그레이
드 버전 정도로 생각하면 된다.

먹을 때마다 별이 적립되고, 12개의 별이 적립되면 떡볶이가 무
료로 제공된다. 신메뉴를 주문하면 별 2개가 추가 적립되고, 만 원
이상 주문하면 별 1개가 추가 적립된다. 결제는 미리 충전한 금액
에서 빠진다. 통신사 할인을 받으면 무료로 사이즈를 업그레이드할

수 있고, 골드 레벨 고객의 경우, 삶은 달걀 또는 새우튀김 옵션이 무료다. 주문한 음식이 완성되면 직원은 주문한 고객의 닉네임을 부른다. 예를 들면 이런 식이다.

"'매운 거 싫어하는' 고객님! 주문하신 떡볶이 나왔습니다."
"'아침에 떡볶이 먹은' 고객님! 주문하신 떡볶이 나왔습니다."
"'개 밥 주러 나온' 고객님! 주문하신 순대 나왔습니다."

5만 원 이상 자동 충전을 설정하면 1+1 BOGO 쿠폰이 발행된다. 떡볶이를 주문하면 같은 사이즈의 떡볶이가 하나가 무료로 제공되는 쿠폰이다. 자동차로 이동 중이라면 DT(드라이브 스루) 매장을 이용하는 것이 좋다. 매장 도착 5분 전에 사이렌 오더로 미리 주문·결제하면 기다림 없이 곧바로 받아갈 수 있어 편리하다. 뜨거운 어묵 국물은 진하고, 조금은 짜게 맛을 유지하다가 DT 주문이 들어오면 차가운 물을 넣어 농도와 온도를 맞춘다. 무심코 차에서 마시다가 입이 데었다는 고객들의 불만을 반영한 것이다. 파 '조금', 후추 '살짝'은 옵션이다. 어묵은 겨울에만 판매하는 계절 메뉴라서 10월부터 5개월 동안만 판매되고, 여름에는 빙수가 판매된다.

스타벅스 떡볶이 매장의 초고속 와이파이는 무료이고, 테이블마다 콘센트가 설치돼 있으며 스마트폰 무선 충전을 원한다면 테이블 상단 한 쪽에 부착된 스티커 위에 놓아두기만 하면 된다. 커피 대신 떡볶이만 바뀌었을 뿐, 스타벅스 시스템은 그대로 옮겼다.

스타벅스 인공지능 떡볶이

'매운 거 싫어하는' 고객이 사이렌 오더로 떡볶이와 순대를 주문하면, '아이스 요거트 피치'와 '아이스 오렌지 스파클링'이 함께 마시면 좋은 음료로 추천된다. 일명 '쿨피스'와 '환타'를 말한다(괜히 스타벅스스럽게 주문하고 싶어진다). 주문할 생각이 없다가도 함께 주문하면, 반값에 음료를 주문할 수 있다고 하니 거절하기 힘든 추천이다. 거기에 튀김까지 추가하면, 별 1개가 추가 적립된다고 한다. 얼떨결에 세트 주문이 접수됐다.

'아침에 떡볶이 먹은' 고객이 친구 두 명과 함께 매장을 찾았다. 사이렌 오더로 떡볶이와 튀김, 어묵 그리고 생맥주 500cc 세 잔을 주문한다. 18시 이후 지문 인식과 안면 인식으로 성인 인증을 마치면 술을 주문할 수도 있다. 어묵 국물 추가는 챗봇에 '어묵 국물 추가'라고 입력하면 잠시 후에 직원이 가져다준다.

오전 8시, '개밥 주러 나온' 고객이 DT 매장에 '떡튀순'과 '아이스 요거트 피치'를 주문한다. 오전에 주문하는 고객에게는 꼬마김밥이 무료로 증정된다. '맥모닝'처럼 아침 메뉴 출시를 홍보하기 위한 프로모션이 진행 중이다. 도착 5분 전에 미리 주문하면 별 3개가 추가 적립된다. 바쁜 출근 시간대에 주문이 밀리면 고객 불만이 발생하기 때문이다. DT 주문 알림에는 유효율 90%에 가까운 픽업 시간이 제시된다. 떡볶이 로봇이 최적의 맛을 구현하고, 로봇에 달린 카메라가 떡볶이 색을 분석해 농도가 짙어졌다고 판단되면 스스로 소스와

물을 추가한다. 튀김을 제외한 순대와 어묵까지 로봇 조리가 테스트 운영 중이다.

떡볶이를 만드는 바리스타

상상만 해도 전혀 어울리지 않는 조합이다. 물론 위에서 언급한 내용은 필자가 꾸며낸 이야기다. 텀블러에 떡볶이를 담는다거나 어물 국물 농도를 맞추기 위해 찬물을 넣는다거나 '환타'를 '오렌지 스파클링'으로 표현한 모든 것이 어이없다.

사실, 필자가 거주하는 동네에는 맛과 서비스로 필자를 충족시켜주는 떡볶이 매장이 없다. 추운 겨울 아침, 차로 이동하는 길에 아침밥 대용으로 뜨끈한 어묵 국물과 떡볶이, 꼬마김밥이 먹고 싶을 때가 있다. 그게 스타벅스처럼 운영되면 좋겠다는 생각에서 꾸며낸 것이다.

커피를 만들던 바리스타가 떡볶이를 만든다면, 대다수는 탐탁지 않게 생각할 것이다. 필자 역시 그렇다. 만약, 먹어 보고 맛있다고 판단되면 어떨까? 스타벅스스러운 위생과 서비스가 겸비되면 어떨까? 스타벅스 앱에서 수집된 고객 취향 데이터를 바탕으로 더 좋은 맛과 신메뉴, 날씨를 고려한 메뉴 추천이 가능하다면 어떨까?

올림픽 100m 육상 경기에서는 선수들이 한쪽 무릎을 굽히고 엎드린 자세로 출발한다. 원래는 선 채로 출발했다고 한다. 그러다 한

✷ 스타벅스

선수가 혼자 무릎을 굽히고 엎드린 자세로 출발했다고 한다. 출발 전에는 모두가 비웃었지만, 막상 1등으로 골인하고 신기록까지 경신하자 이후부터는 모든 선수가 엎드린 자세로 출발했다고 한다.

바리스타가 만든 떡볶이가 맛도 좋고, 위생과 서비스도 좋아 자주 찾게 된다면, 이후부터는 바리스타 출신의 떡볶이 요리사가 각광받는 직업이 될지도 모른다.

필자의 상상은 연결에서 비롯된다. 인공지능과 로봇은 적이 아닌 파트너. 스타벅스의 압도적인 매출은 그들만의 시스템 개발이 있었기에 가능했다. 샷이 아닌 기술적인 개발이 추가됐다. 사람들은 커피 브랜드라 말하지만 필자에게는 IT 기업이다. 사람이든 기업이든 스타벅스 시스템을 벤치마킹한다면, 새로운 기회가 열릴 것이라 믿어 의심치 않는다.

2

백선생 쿠킹로봇

레시피 저작권이 생긴다 ▼

로봇은 조리 중

식칼을 든 로봇 팔이 재료를 썰고 있다. 직접 면을 삶고, 직접
재료를 볶으며 소스를 만들고, 직접 설거지까지 진행하더니 행주로
식탁에 튄 물기까지 말끔하게 닦아낸다. 모니터에 있는 미트 스파
게티 메뉴를 누르자 4~5분 후 즉석에서 조리된 요리가 완성된다.
특이 사항은 유명한 요리사의 이름을 선택하면, 해당 요리사의 레
시피대로 조리된다는 사실이다. 백선생이 만드는 요리, 최현석 셰
프가 만드는 요리를 저렴한 가격에 맛볼 수 있는 것이다. 액상 소스
로 그의 사인이 그려지면, 작품과도 같은 요리가 완성된다.

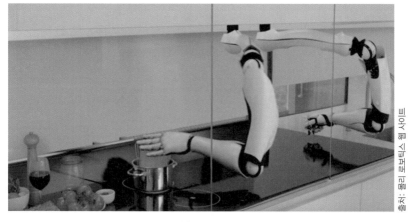

✖ 몰리 로보틱 키친(Moley Robotic Kitchen)

미쉐린 별을 획득한 식당 요리사나 유명한 요리사들은 수백, 수천 가지 이상의 요리 레시피를 갖고 있다고 한다. 같은 재료라 하더라도 조리 도구, 조리 방식, 조리 환경에 따라 달라지기 때문이다. 그들의 레시피가 쿠킹로봇에게는 소프트웨어인 셈이다. 물론 해당 레시피를 제공한 요리사에게는 로열티가 지급된다. 마치 작곡가, 작사가에게 저작권료가 지급되는 것처럼 말이다.

레시피 저작권

쿠킹로봇 기술의 발전은 음악 산업의 발전과 공통점이 많다. 먼저 음악 산업의 발달은 누가 얼마나 해당 노래를 들었는지 수치로 확인할 수 있도록 했다. 관련 기기들은 소형화되고, 경량화되면서 더 많은 사람이 편리하게 다양한 음악을 들을 수 있는 환경을 제공했다. 스마트폰에 장착된 GPS는 언제, 어디서, 어떤 음악의 소비가 많은지 통계로 보여준다. 이와 같은 일련의 과정이 더 많은 작곡가와 작사가를 양성했고, 더 좋은 음악을 창조했다.

쿠킹로봇 산업 역시 그렇게 진행될 가능성이 높다. 요리 잘하는 모든 사람을 저작권자로 만드는 마법을 부릴 수 있기 때문이다. 여기에 블록체인 기술까지 적용되면, '짜파구리' 개발자는 쿠킹로봇계의 아이유가 될 수도 있을 것이다. 그런 측면에서 봤을 때, '집밥 백선생' 백종원 님이 가진 무형의 가치는 어마어마하다. 굳이 비교하자면, 비틀즈의 'Yesterday', 동화 '신데렐라'와 같은 효과를 가져올 수 있다. 음악계와 영화계에서 가장 많이 리메이크된 작품들인 만큼 백선생만의 레시피도 그렇게 리메이크될 가능성이 높다. 푸드 레시피계의 박진영(국내 최대 음악 저작권자)이 될 수 있는 인물이다. 좋은 하드웨어의 개발이 다양한 레시피 콘텐츠를 기다리고 있다.

유튜브 레시피 학습

요리책보다 유튜브를 통해 조리 과정을 학습하는 이들이 많다. 실제로 백선생의 레시피대로 조리했다는 영상들이 유튜브에서만 14만 개에 달한다. 만약 14만 개에 달하는 백선생의 조리 영상을 인공지능이 학습한다면 어떨까? 영상 속에서 준비된 재료, 손질된 재료들의 크기, 양 그리고 조리에 사용된 도구와 방식, 양념과 소스를 넣는 타이밍까지 완벽하게 말이다. 지금의 기술력이라면 충분히 가능한 시나리오다. 그렇다면, 푸드로봇 산업의 최강자는 구글이 되는 것인가? 아무려면 어떤가? 80세 노모만의 된장찌개 레시피를 학습해준다면 저작권 수입이 생기는데….

그렇다. 지금의 우리가 블록체인 기술을 반기는 건, 특급 요리사든 동네 어르신이든 초등학생이든 모두에게 균등한 기회를 제공한다는 기대감 때문이다. 앱을 통해 레시피가 제공되고, 평점이 매겨지고, 후기가 기록되고, 완성된 이미지가 지속적으로 공유되면서 저작권을 보다 투명하게 관리할 수 있게 되는 것이다. 지금의 음악 산업에 블록체인 기술이 시도되는 것처럼 말이다. 쿠킹로봇에 전세계 유명한 셰프들의 레시피가 1개씩만 삽입되더라도 그들만의 쿠킹 스타일에 맞춘 관련 기술은 무궁무진하게 개발되고, 발전할 수 있다. 백화점 푸드코드에서 프랑스 미쉐린 3스타의 요리를 주문할 날이 머지않았고, 백선생 쿠킹로봇이 부엌 한 켠에 렌털 정수기와 함께 나란히 배치될 날을 기대해본다.

3

반려 드론, 티키

기억하고, 기록하는 증강 인간 ▼

행운의 요정, 티키

"티키(Tikki), 저 나무 위에서 내 사진 좀 찍어줄래?"

"티키, 동생한테 같이 치킨 먹을 건지 대신 물어봐 줄래?"

"티키, 배고파? 너도 치킨?"

"티키, 나 지금 자전거 타고 빨리 달릴 건데 위에서 전방 상황 좀 계속 알려줄래?"

"티키, 힘들면 네 방에 가서 좀 쉬어."

"티키, 내가 어제 몇 시쯤 약 먹었지?"

'아이언맨'에게는 인공지능 비서 '자비스'가 있고, 필자에게는 '시리(애플)', '구글 어시스턴트'가 있다. 물론, 수행 가능한 기능에는 엄청난 차이가 있다. '시리'와 '구글 어시스턴트'가 모터 달린 낚싯배라면 '자비스'는 선장도, 선원도 없는 자율 운항 선박에 비유할 수 있다. '나 아파~'라고 하면, '자비스'는 빠른 진단과 처방으로 로봇 팔을 이용해 도와주지만, '시리'와 '구글 어시스턴트'는 '정말 힘드시겠어요. 가까운 약국을 알려드릴게요.' 정도이다.

반려 드론 '티키'는 그런 '자비스'의 두뇌를 가진 달걀 크기의 인공지능 로봇 드론 정도로 이해하면 된다. 사용자(주인)를 중심으로 최대 2~3m까지 비행하며, 사용자를 따라다니는 반려동물과 같은 드론인 셈이다. 사실, '티키'는 필자의 딸이 즐겨보는 애니메이션 '미라큘러스 레이디버그'에 등장하는 무당벌레를 형상화한 애니메이션 캐릭터다. 여주인공 '마리네뜨'가 '레이디버그'로 변신할 수 있

출처: miraculousladybug.wikia.com

✖ 미라큘러스 레이디버그 '티키'

게 도와주고, 잘못을 저지르거나 위험한 상황에 처했을 때 도와주는 행운의 요정이다. 반려 드론, '티키' 아이디어는 그렇게 상상하게 됐다.

치맥 먹고, 기록하는 '티키'

셀카봉 없이도 다양한 각도에서 스스로 초점을 맞추고, 명암을 조절하며 최적의 사진을 찍어 스스로 클라우드에 저장하고, 연결된 SNS 계정에 업로드한다. 자전거를 타고 이동 중이라면, 2~3m 위에서 비행하며 전방에 위험한 상황이 발생하면 미리 알려주기도 하고, 목적지까지 안내하기도 하고, 실시간 촬영에 SNS 라이브 방송까지 진행할 수 있다. 전화 걸기와 메시지 전송은 기본이다. 재미있는 특징 중 하나는 '티키'도 치킨과 맥주를 먹는다는 것이다. 물론 배터리 충전이 필요한 녀석이라 사람처럼 먹지는 않지만, 음식 이모티콘을 통해 충전 시간과 충전량을 조절할 수 있다는 점이 특징이다. 예를 들어 배터리가 10% 이하로 줄어들면 '티키'가 피곤한 기색을 표한다. 빠른 충전으로 20% 정도의 배터리 충전이 급하게 필요하다면, 패스트푸드의 대명사 햄버거와 콜라, 감자튀김 이모티콘을 유료 구매해 충전하는 식이다. 곳곳에 설치된 무인, 무선 충전 박스에 '티키'를 넣고, QR코드로 잠금장치, 신분 확인, 결제까지 해결할 수 있다. 급속 충전과 일반 충전의 차이가 수익을 창출하는 상품이 되는 셈이다. 항상 비행하지 않더라도 이동할 때마다 사용자의 어깨나 머리 위 혹은 셔츠 주머니에 들어가 온종일 기능을 수행한다.

사실, 필자가 기대하는 반려 드론 '티키'의 가장 큰 특징은 따로 있다. 위에서 언급한 '티키, 내가 어제 몇 시쯤 약 먹었지?'와 같은 개인 활동에 대한 정보를 꼼꼼하게 기록한다는 점이다. 언제, 어디로 이동했고, 얼마나 머물렀는지 초 단위로 기록하고, 무엇을 먹고 누구와 있었는지 카메라로 촬영해 이미지로 기록한다. 그렇게 오늘 하루동안 있었던 일들을 간략히 정리해 이미지와 함께 사용자에게 전달한다. 사용자가 불필요한 기록들을 삭제하고, 확인해주면 나머지 정보는 클라우드에 저장되고, 이를 바탕으로 매일매일 새롭게 업데이트돼 최적화된 맞춤식 조언(정보)을 아낌없이 받을 수 있게 된다.

예를 들면 이런 식이다. 환절기가 가까워질 때쯤이면, 작년 이맘때 감기로 병원에 들러 3일 치 약을 처방받아 고생했던 정보를 알려주는 동시에 어떻게 예방할 수 있는지 알 수 있게 된다. 여기에 감기로 지쳐 있던 작년 이맘때에 촬영된 사용자의 초췌한 모습을 이미지로 보여주며 감기에 대한 경각심을 일깨우기도 한다. 또한 특정한 장소에 머물면, 과거에 같은 장소에서 촬영된 이미지를 비교해 보여주기도 한다. '내가 이렇게 젊었구나', '그때는 머리, 옷 스타일이 너무 촌스러웠네'와 같은 반응을 보일 수 있다. 그뿐만 아니라 두 달 전 이미지로 기록된 찜했던 상품이 가격 비교 검색을 통해 할인됐다는 알림을 받고 곧바로 구매할 수도 있다.

정리하면, 과거의 기록을 바탕으로 현재와 미래를 보다 신중하게 행동하고, 현명하게 결정할 수 있게 되는 것이다. 지금 여러분의 스마트폰에 저장된 사진을 한번 살펴보자. 기록하고 싶은 사진보다는 추억하고 싶고, 자랑하고 싶은 사진이 대부분일 것이다. 맛집에서 찍은 음식 사진, 사랑하는 연인과 바닷가에서 찍은 사진 그리고 귀여운 아이들 사진이다. 일기를 쓰고, 가계부를 작성하고, 다이어리에 일정을 관리하는 일련의 과정이 기술의 융합으로 반려 드론으로 발전한 것이다. 물론 아직 개발된 것은 아니다. 필자의 과거 기록과 상상력을 바탕으로 그렇게 될 가능성이 높다는 이야기를 이 글을 통해 전하고 싶을 뿐이다. 인간의 두뇌는 기록하고, 분석한다. 두 눈을 통해 찍고, 두 귀로 듣고, 입으로 말하고, 코로 냄새를 맡고, 손으로 만지며 느끼는 모든 것을 기록하지만 그 기록을 제때 꺼내 쓰지는 못한다. 기술이 그런 인간의 능력을 증강해주는 것이다. 행운의 요정 '티키'가 평범한 '마리네뜨'를 영웅 '레이디버그'로 변신시켜줬듯이 자신이 속한 영역에서 영웅이 되고자 한다면, 기억과 더불어 기록하는 증강 인간이 됐으면 하는 바람이다.

인천공항에
고사양 PC가 산다

여행객들의 길드가 돼라

인천공항 PC방

　인천공항을 경유하는 승객이 많아진다. e 스포츠 최강국에 걸맞은 게임용 PC가 공항 곳곳에 배치돼 있다. 경유하는 승객에게는 PC방 사용이 10시간 동안 무료다. 물론 항공권 확인은 필수다. 단순 검색, 문서 작성용 PC로 생각했다면 오산이다. 95%는 게임용이다. 게임에 최적화된 고사양의 본체와 모니터, 3단계 LED 밝기 조절, 멀티미디어 기능을 제공하는 키보드 그리고 일곱 가지 LED 컬러가 자동으로 변화하는 마우스에 7.1채널 서라운드 사운드와 진동, 다양한 컬러의 헤드셋까지 그야말로 PC 게이머가 진정으로 원하는 최신 사양의 장비가 마련돼 있다. 어디 그뿐인가? 생리적인 문제만 제외하면 10시간 내내 앉아 게임에만 집중할 수 있도록 모니터에는 온갖 한국 대표 음식들이 주문 대기 중이다. 'L.O.L(리그 오브 레전드)'을 즐기며 '치맥'을 곁들이고, '오버워치'를 즐기며 불고기덮밥을 곁들이고, '배그(배틀그라운드)를 즐기며 컵라면에 김밥을 곁들이는 한국식 e 스포츠 문화를 경험할 수 있다.

비행에 지친 정신적 피로를 게임용 PC로 풀었다면, 육체적 노곤함은 게임용 의자의 등받이를 뒤로 젖혀 특수 제작한 수면용 캐노피를 덮고 잠을 청할 수도 있다. 씹고, 먹고, 맛보고, 즐기는 특별한 공항 서비스를 한자리에서 모두 해결하는 것이다. 굳이 경유하지 않아도 비행 출발 시간보다 일찍 공항에 도착해 수속을 마친 후 여유 있게 게임을 즐길 수도 있고, 업무 출장 중이라면 편리하게 업무를 처리하고 비행 출발 시간에 맞춰 이동할 수 있다.

로봇이 배달하고, '에어코인'으로 결제한다

게임용 PC에만 고사양이 적용된 것은 아니다. 원하는 메뉴를 주문하면, 로봇이 서빙한다. PC방에서 조리하는 메뉴가 아닌 공항 내에 입주한 음식점과 편의점 등에서 주문받은 메뉴가 로봇에 실려 배달되는 것이다. 배달의민족이 운영하는 배달로봇 '딜리'처럼 말이다. 여기에 결제 시 필요한 암호화폐 개발은 필수다. 이는 인천공항과 제휴된 타 공항에서도 사용할 수 있는 금융 서비스를 말한다. 예를 들면, 인천공항에서 '에어코인(Air Coin)'으로 쇼핑과 식사를 하고, 여행지인 오사카 공항에서도 별도의 환전이나 신용카드 사용 수수료 없이 '에어코인'으로 결제하는 식이다. 최첨단 기술이 게임용 PC를 중심으로 연계돼 인천공항만의 특색 있는 서비스를 만드는 셈이다.

무료해서 상상하다

필자가 '인천공항 PC방'과 관련된 아이디어를 제시한 이유는 공항에서 소비하는 시간이 무료해서다. 비행 출발 시간이 늦어지거나 대기하는 동안 마냥 스마트폰만 들여다보며 시간을 보내고, 잠시 편의점에 들러 간식과 음료를 사는 정도의 공항 이용이 달라졌으면 하는 바람에서다. 사실 공항에서는 특별함을 찾기 어렵다. 최근 각광

✖ 세계적인 e스포츠 대회

출처: wiki media commons

받는 싱가포르의 창이공항이 그 특별함을 제공하는 정도다.

한국은 세계 최강 e 스포츠 강국이다. 세계 최고 선수들과 최고 연봉의 선수를 보유하고 있다. 마치 e 스포츠계의 호날두와 메시가 한국인인 셈이다. 그뿐만 아니라 현금 1,000원이면 최고 시설의 PC방에서 최고의 게임을 즐길 수 있을 만큼의 환경까지 갖췄다.

자카르타 아시안 게임에서 시범 종목으로 처음 채택된 e 스포츠가 향후 정식 종목으로 자리 잡게 된다면, 그 어디서든 10분만 걸으면 찾을 수 있는 PC방이 모두 훈련장이 되는 것이다.

만약 인천공항에서 주관하는 e 스포츠 대회가 열린다면 어떨까? 경유해야 하는 일정을 대회 참관에 할애함으로써 최고 선수들의 경기를 관람함과 동시에 자신이 직접 경기에 참여할 수도 있고, 여행 목적이 아니더라도 경기 관람과 체험을 위해 일부러 공항을 찾게 할 수도 있다. 게임 한류가 최첨단 기술과 만나 한국의 맛과 추억을 전 세계 게임 마니아에게 전파할 수 있다.

대당 1억 원이 넘는 로봇에게 길 찾기를 명령할 게 아니라 대당 300만 원대 PC 설치로 게임 마니아와 여행객들의 즐거운 길드가 되는 인천공항을 상상해본다.

5

교실엔 VR, 여행엔 AR, 삶엔 XR

> 교실에서 세상을 볼 수 있을 때, 기술은 교실 없는
> 세상을 디자인하고 있다 ▼

교실에서 떠나는 세계 여행!

아프리카에 위치한 가나의 덴소먼에 거주하는 카이나 양은 중국 만리장성을 방문한 경험이 없다. 만리장성과 관련된 책을 읽어본 적도 없고, 누군가의 이야기를 들어본 적도 없다. 그렇지만 카이나 양의 이야기를 들어보면, 마치 여행 중에 가이드의 설명을 듣는 것처럼 만리장성이 상세하게 묘사된다.

도대체 무슨 일이 있었던 걸까?

카이나 양은 구글에서 무료로 진행 중인 '교실 속 VR - 구글 익스페디션(Google Expeditions)' 프로그램을 통해 세계 여러 나라를 가상

으로 여행했다. 아프리카 가나에서 VR 기술을 통해 전 세계 곳곳을 누빈 것이다. 카이나 양이 처음 VR 헤드셋을 착용하고 학습했던 콘텐츠가 바로 만리장성이었다. 색다른 경험에 잔뜩 흥분한 카이나 양은 엄마에게 이렇게 이야기했다.

"엄마, 오늘 학교에서 만리장성에 갔어요!"

✖ 구글 익스페디션

VR의 가치는 전화기의 그것과 같다

VR(Virtual Reality, 가상현실)은 컴퓨터 그래픽으로 제작된 가상 공간이나 360도 카메라로 촬영된 영상 혹은 사진 속 별도의 VR 헤드셋을 통해 간접 경험해볼 수 있는 기술을 말한다. 지금의 VR이 주로 시각과 청각을 자극하는 수준이라면, 앞으로는 후각, 미각, 촉각까지 확장된 기술(XR: eXtended Reality, 확장현실)을 만날 수 있을 것이다. 만리장성의 벽에 색연필로 낙서하고, 나이아가라 폭포 옆에서 물살을 맞고, 수술을 앞둔 환자에게 애니메이션 게임을 하듯 수술 과정을 학습시키고, 진도 7.1 규모의 지진 상황이나 화재 상황을 미리 경험해볼 수도 있다. 바로 여기, VR의 첫 번째 가치가 숨어 있다. 생활에서 일어나는 예측 불가한 상황들을 가상 체험(교육)을 통해 대비할 수 있다는 점이다. 물론, 비싼 가격과 어지럼증, 가볍지 않은 무게 등은 걸림돌이지만, 계속 쏟아져 나오는 다양한 VR 관련 기기들이 이와 같은 단점을 보완해줄 것으로 기대해본다.

앞으로의 VR이 더욱 기대되는 이유는 과거 전화기의 발명에서도 찾아볼 수 있다. 처음 전화기가 개발됐을 때 전화기 한 대는 그저 장식품에 불과했지만, 전화기 두 대는 사람 간의 의사소통 수단으로써 편리함을 제공했다. 모두가 전화기를 소유하고 난 이후부터는 사람과 사람 그리고 세상을 잇는 진정한 전화기의 가치를 증명해 보였다. 유선에서 무선으로, 더 작고 더 가벼운 전화기로, 더 똑똑한 전화기로 발전하면서 4차 산업혁명의 서막을 연 스마트폰으로까지 발전했다. 그리고 지금의 VR도 이와 같은 길을 가고 있다.

가이드 필요 없어요. AR이 있으니까

AR(Augmented Reality, 증강현실)은 카메라를 통해 비춰지는 현실 세계에 가상의 그래픽을 겹쳐 보여주는 기술을 말한다. 쉽게 말해 VR로 만리장성에 사전 답사를 다녀왔다면, 실제로 방문한 만리장성에서는 AR 가이드가 당신을 맞이할 것이다. 이동하고자 하는 장소를 지정하면 AR 글라스 혹은 스마트폰 AR 기능이 그곳까지 안내하고, 거리의 식당·매장 등을 카메라로 비추면 관련 정보부터 번역 서비스까지 제공할 것이다. 정리하면, 구글 VR로 사전 답사하고 구글 AR로 여행을 즐길 수 있는 것이다.

출처: Google Developers 'Google I/O 2017'

✖ 구글렌즈

AR 기술에는 GPS · 나침반 그리고 비콘(Beacon) 등이 사용된다.

비콘은 근거리 무선 통신 기술을 말한다. 사용자의 위치를 찾고, 일정 범위 내에서 다양한 정보를 전달하는 역할을 한다. 쉽게 말해, GPS와 나침반으로 실외 안내, 비콘으로 실내 안내를 받을 수 있다. 처음 가보는 지역이라도 AR 기술을 활용하면 근처 스타벅스 매장까지 길 안내를 받고, 스타벅스 매장 안에서 비콘으로 커피를 주문할 수 있다.

XR의 시대가 다가온다

XR은 VR의 몰입감과 AR의 편리함 그리고 이 둘을 합친 MR(Mixed Reality, 융합현실)과 같은 모든 기술을 일컫는 용어를 말한다. 예를 들어, 집에서 하얀 머그잔에 커피를 마시면 현실, VR 헤드셋을 통해 가상의 스타벅스 매장에 방문하면 가상현실(VR), AR 글라스나 스마트폰 AR 앱을 실행하고 머그잔을 비췄을 때 스타벅스 로고가 겹쳐져 보이면 증강현실(AR)이다. 그리고 거실 테이블에 앉아 머그잔에 커피를 마시지만 스타벅스에서 온 듯한 감정, 여기에 커피 향과 온도까지 마치 실제 매장에 온 듯한 착각이 드는 정도라면 확장현실(XR)이라 할 수 있다. XR이 가진 가장 중요한 요소를 꼽는다면, 그것은 사람과 사람, 사람과 기술의 연결이라 말할 수 있다. 다시 말해, 'XR = VR + AR + MR + SNS' 정도로 정리할 수 있다. XR은 앞으로도 인간이 느끼는 여섯 가지 감정을 최대한 이끌어낼 수 있는 방향으로 발전할 것이다.

과거의 기술이 인간에게 육체적인 편리함을 제공했다면, 내일의 기술은 정신적인 편안함을 제공하게 될 것이다. 육체와 정신을 '지배'하는 기술은 악(惡)이 되지만, 육체와 정신을 '연결'하는 기술은 선(善)과 복(福)이 된다. 그리고 그 복을 온전히 누리기 위한 핵심은 무엇보다 '잘' 알고 적재적소에 '잘' 활용할 수 있어야 한다는 것을 꼭 기억해야 한다.

6

우주 인터넷, 지구의 절반은
오프라인 상태다

> 지구의 절반은 '오프라인' 상태다.
> 그들이 '온라인' 상태로 바뀌는 모습을 상상하라

부자는 투자, 가난은 비용

"왜 부자들을 돕는 것은 '투자'라고 하고,
가난한 이들을 돕는 것은 '비용'이라고만 말하는가?"
– 룰라(브라질 전 대통령)

　노동자 출신의 룰라 브라질 전 대통령이 재임 중 만났던 사람들 중에는 브라질에서 가난한 사람들이 많았다. 전기조차 들어오지 않는 지역에 모여 살며 쓰레기장에서 생계를 이어가고, 다시 그 쓰레기장에서 아이들이 태어나고 자라면서 가난을 대물림하는 사람들이었다. 누구보다 가난한 노동자의 삶을 잘 이해했던 룰라는 그들을 위한 복지가 아닌 투자의 개념으로 삶의 질을 향상하기 위한 다양한 정책을 실천했다.

당시 브라질 경제는 인구의 4분의 1이 빈곤을 겪고 있었고, 국가 부채는 심각한 수준에 머물러 있었다. 그가 펼친 대표적인 정책 중 하나가 전기조차 사용할 수 없을 만큼 가난한 300만 가구에 무료로 전기를 공급하는 사업이었다. 돈을 벌 수 있는 환경을 만들어 누구나 사회적 지위가 향상될 수 있도록 하기 위한 필수 조건이 전기 에너지 공급이라고 판단했던 것이다. 세금조차 낼 수 없을 만큼 가난한 사람들에게 무료로 110만 km에 달하는 전선을 깔아주기 위해서는 수백억 원의 예산이 필요했다. 물론 비판적인 시각으로 바라보는 이들이 많았다. 그저 예산 낭비일 뿐, 비용만 축내는 정책이라는 것이다. 브라질 부의 80%는 상위 10%의 계층이 차지하고 있고, 그 상위 10%에 속하는 대다수 사람이 브라질 정부의 요직을 차지하고 있다 보니 가난한 삶을 이해하기 어려웠을지도 모른다.

그렇지만 이 정책은 놀라운 결과를 가져왔다. 300만 가구에 전기가 공급되자 80%가 텔레비전을 구매했고, 75%가 냉장고를 구매했으며 50%가 오디오를 구매했다. 가전제품을 판매하는 업체와 중고 가전 업체 그리고 할부 거래를 위한 금융 상품이 맞물리면서 300만 명의 거대한 소비자가 생겨난 것이다. 특히, 오랫동안 신선도를 유지할 수 있는 냉장고로 인해 새로운 음식 문화가 만들어지고, 다양한 주변 상권이 형성될 수 있는 계기가 마련되기도 했다. 부자에게는 투자라 하고, 가난한 이에게는 비용이라 치부했던 많은 사람이 이 정책으로 인해 룰라 전 대통령을 지지하게 됐다.

부자 데이터, 가난 데이터

유네스코에 따르면 전 세계 인구의 절반인 30억 명 정도는 여전히 인터넷을 사용하지 못한다고 한다. 스마트폰으로 유튜브를 보고, 스포티파이로 음악을 듣고, 아마존에서 쇼핑하며 페이스북으로 세상과 소통하는 현대 사회와 구시대의 삶이 동시에 공존하고 있다고 볼 수 있다. 이는 마치 앞서 언급한 가난한 사람들의 삶과 대비된다. 전기 공급으로 인해 파생되는 다양한 변화가 삶의 질을 향상시켰듯이 데이터 공급으로 파생될 수 있는 변화 또한 무궁무진하다.

룰라가 전기 에너지를 공급했다면, 테슬라, 스페이스엑스의 창업자 일론 머스크는 전 세계에 데이터 에너지를 공급하려는 계획을 갖고 있다. 지구 저궤도(300~1,000km: 통신 속도가 빠르고 인터넷 신호 손실이 적음)에 소형 위성 1만 2,000기를 띄워 지구 전체를 초고속 인터넷망 하나로 만들겠다는 포부를 밝힌 것이다. '스타링크(Starlink) 프로젝트'로 불리는 이것은 머스크가 창업한 우주 개발 기업 스페이스엑스가 가진 저비용 로켓 발사 기술이 있기에 가능하다. 과거 빌 게이츠(마이크로소프트 창업자)도 이와 유사한 프로젝트를 계획했지만 천문학적인 개발 비용 때문에 계획을 철회해야 했다. 당시만 해도 위성 하나를 개발하는 데 1,000억 원 이상이 들었지만 지금은 스페이스엑스나 블루 오리진, 버진 갤럭틱과 같은 민간 우주 개발 기업들이 등장하면서 소형 위성 한 대를 개발하는 데 1억 원이면 충분할 정도로 개발 비용이 크게 낮아졌다.

- 위성 1기 제작 소요 시간: 평균 4일
- 위성 1기 중량: 100~400kg
- 인터넷 속도: 500Mbps~1Gbps(예상)
- 위성 1기당 인터넷 서비스 제공 면적: 116만km²

출처: NextBigFuture.com

✱ 스페이스엑스 스타링크

저궤도 위성이 이렇게 많이 필요한 이유는 정지 궤도 위성이 가진 단점을 보완하기 위해서다. 저궤도 위성의 경우 고도 1,000km 이하에서 지구를 돌아 지구와의 거리가 가깝고 지연 시간도 적다는 장점이 있다. 반면, 정지 궤도 위성은 고도 3만 6,000km에서 지구 면적의 40%를 커버할 수 있지만 지상과 0.25초가량 통신 지연이 발생하고, 인터넷 신호 손실 또한 상대적으로 높다는 단점이 있다. 저궤도 위성의 경우 이용 시간이 10분 정도로 짧다는 단점이 있다. 저궤도 위성이 지구 한 바퀴를 도는 데 걸리는 시간이 90분 정도이기 때문에 특정 지역의 사용자가 위성에서 제공되는 데이터를 사용하기 위해서는 대략 10분 내외가 된다. 그렇기 때문에 많은 위성을 쏘아 올려 끊김 없는 데이터 에너지를 공급하기 위해서는 1만 2,000기 정도의 위성이 필요한 것이다. 일단 궤도에 올려진 위성은 별도의 연료 없이 태양열 에너지로만 수십 년간 이용할 수 있다. 여기에는 한 번 발사한 로켓을 회수해 재사용하는 기술이 비용 절감에 큰 기여를 했다고 볼 수 있다.

원조 화성 스마트시티

일론 머스크의 계획대로 진행된다면 전 세계 어디에서나 같은 품질의 데이터를 사용할 수 있다. 무너져 내리는 빙산, 사냥하는 북극곰, 사막을 횡단하는 낙타와 같은 영상과 사진들이 실시간으로 공유되고, 그들의 삶과 문화가 자연스럽게 전파될 것이다. 물론 데이터 사용료는 지급해야 한다. 300만 명의 전기 에너지 극빈층에서 소비자가 됐듯이 30억 명의 데이터 에너지 극빈층이 소비자가 될 수 있다는 요소가 거액의 투자로 이어지는 이유이기도 하다. 그뿐만 아니라 데이터 사용 요금을 저렴하게 책정하거나 일정 기간 무료로 제공함으로써 최대한 많은 고객을 확보한 후 각종 유료 앱(응용 프로그램)을 구매하도록 유도하거나 그들의 데이터 소비 패턴을 수집함으로써 다양한 수익 모델을 마련할 수도 있다.

'스타링크 프로젝트'는 화성으로 인간을 이주시키겠다던 일론 머스크의 퍼즐이 하나 더 완성되는 과정으로 볼 수 있다. 화성에서 태양열로 전기 에너지를 생산하고 위성으로 데이터 에너지 제공하며 테슬라 전기 자율주행 자동차로 이동과 물류를 해결하는 그야말로 '원조 화성 스마트시티'가 생겨나는 것이다. 전기 에너지의 공급이 특정 지역의 발전을 가져다줬다면, 데이터 에너지의 공급은 지구 전체의 발전을 가져다줄 것이다.

지구의 절반은 '오프라인'

현재 지구의 절반가량은 '오프라인' 상태다. 룰라 전 대통령의 전기 에너지 공급 정책처럼 모두에게 인터넷망이 공급된다면 가장 큰 혜택을 받게 될 기업은 다름 아닌 'FAANG(페이스북, 애플, 아마존, 넷플릭스 그리고 구글)'이다.

그들 기업이 인터넷망 확장 사업에 많은 투자를 이어가는 건 어쩌면 당연한지 모른다.

많은 학자가 말한다.

'미래의 에너지는 데이터이다.'

에너지의 발전 과정과 인터넷의 발전 과정을 이해한다면 우주 인터넷망으로 파생될 수 있는 미래의 모습을 어느 정도 상상할 수 있을 것이다. 이것이 상상에서 그친다면, 가난을 위한 복지형 인터넷망이 될 것이고, 현실로 이어진다면 부자가 되기 위한 투자형 인터넷망이 될 수 있다는 사실을 결코 잊어서는 안 될 것이다.

7

엘리베이터 이동 중에만
가능한 쇼핑

> 취향 데이터에 저격당하다 ▼

엘리베이터에서 쇼핑을 즐긴다

#1 상황

　엘리베이터에 나 혼자 탔다. 17층까지 오르는 동안 스크린 광고가 주문 욕구를 자극한다. 평소 즐겨 먹던 피자와 맥주가 지금 주문하면 20% 할인에 15분 이내에 배송된단다. 15층에 다다를 때쯤 스마트 페이를 스크린 QR코드에 대자 순식간에 결제가 이뤄진다. 포테이토 피자가 아닌 다른 피자였거나 하이네켄이 아닌 다른 맥주였다면 주문하지 않았을 텐데 주문자의 취향을 정확하게 저격했다.

엘리베이터에 두 명이 탔다. 나머지 한 명은 25층에 거주하는 20대 여성이다. 스크린 광고가 17층 거주자의 주문 욕구를 자극하지 않는다. 반면, 함께 탄 20대 여성이 스크린을 주시한다. 엘리베이터가 17층에서 멈추고 내가 내리자 여성은 기다렸다는 듯이 스마트폰 앱을 열고 스크린에 가져다 댄다. 클렌징크림을 사면 마스크팩 10장을 보너스로 제공하는 제품이 판매 중인데, 지금 당장 구매하지 않으면 다신 이런 구매 기회가 없을 거라며 광고로 유혹했기 때문이다. 지난번에 구매한 클렌징크림이 떨어졌을 거로 예측하고 맞춤식 광고를 내보낸 것이다.

엘리베이터에 네 명이 탔다. 5층에서 멈추고, 10층에서 멈추고, 17층에서 멈추고, 30층에서 멈춘다. 스크린 광고는 누구를 타깃으로 할까? 당연히 30층 거주자를 타깃으로 했을 거라 판단하겠지만, 놀랍게도 17층 거주자를 타깃으로 한 신간 책 광고를 선보인다. 엘리베이터에 설치된 안면 인식 인공지능 카메라가 주문 횟수가 가장 많은 거주자를 인식한 것이다.

13층에 거주하는 40대 여성이 1층에서 엘리베이터를 기다린다. 엘리베이터는 이제 막 4층을 지나 계속 올라가고 있다. 기다리는 동안 여성은 쇼핑 앱을 열어 엘리베이터 옆에 부착된 QR코드를 찍는다. 스크린에 좋아하는 배우가 주연한 신작 영화 광고가 노출된다. 이와 동시에 주중 해당 영화 관람 시, 캐러멜 팝콘+콜라 세트가 50% 할인된다는 QR코드 쿠폰이 뜬다. 지금 당장 구매해야만 혜택을 얻을 수 있다는 문구를 보고 바로 결제를 시도한다.

취향 데이터

어떤 상품이 추천될지 모른다. 얼마나 할인될지도 모른다. 중요한 건 가급적 빨리 판단하고 결제해야만 만족할 만한 혜택을 얻을 수 있다는 것이다. 그래서 재미있다. 굳이 구매하지 않아도 지금 자신에게 어떤 상품이 추천되는지 확인하는 독특한 쇼핑 재미가 있다. 생리 기간에 맞춰 생리대가 추천되기도 하고, 데이터가 부족한 학생들에게는 500MB의 무료 데이터 쿠폰이 노출되기도 한다.

고객의 취향을 많이 알수록 유리해진다. 이와 동시에 고객의 취향 데이터를 많이 제공할수록 유리해진다. 개인 정보 보호가 우선이라면, 보통의 광고가 노출된다. 이와 같은 고객의 취향 데이터를 많이 보유한 기업이 요즘 잘 나가는 기업들이다.

아마존의 등장으로 미국 최대 장난감 업체 '토이저러스'와 미국 최대 서점 '반스앤노블'은 파산했다. 대부분 전자상거래 시장에 대한 이해가 부족해 파산했다는 분석을 내놓았다. 전자상거래 시장의 확산으로 오프라인 유통업체가 사양 산업으로 접어들 것이라는 의견이 많았다. 아마존은 고객 취향 데이터 수집에 모든 걸 걸었고, 그들은 그런 아마존을 상대하는 데 모든 걸 걸었다. 놀라운 점은 그 이후부터다. 여행 서적에 특화된 동네 서점이나 요리책에 특화된 서점, 작가의 친필 사인이 담긴 초판만 판매하는 서점 그리고 어른을 위한 장난감만 전시, 판매하는 매장 등 다양한 개성을 가진 서점과 매장들이 고객의 발길을 끌기 시작했다. 오프라인 유통업체가 사양 산업으로 접어들 것이라는 의견은 개성 가득한 동네 서점들의 경험이 배제된 이들과 상상력이 부족한 이들의 팩트 기반의 기사성 핑계일 뿐이다.

'쇼핑 엘리베이터'는 상상력에서 비롯된 필자의 아이디어다. 여기에 기술과 자본이 결합하면 비즈니스가 된다. 필자에게는 그럴 만한 기술과 자본이 없다. 그리고 고객 취향 데이터도 없다. 과거의 비즈니스가 기술과 자본에 의해 움직이는 방식이었다면, 기술과 자본은 다시 고객 취향 데이터에 의해 움직이는 사업 방식이 될 것이다.

사랑은 상대방이 좋아하는 일을 하는 것보다 싫어하는 일을 하지 않았을 때 더 깊어진다고 한다. 좋아하는 것 이상의 디테일이 필요한 것이다. 취향 데이터를 사랑으로 정의한다면, 당신의 쇼핑 엘리베이터는 성공적인 비즈니스가 될 것이다.

8

공유 카메라가
편집용 인공지능을 만났다

추억하고, 공유하고, 공감받고 싶어한다 ▼

스포츠 동호회를 위한 영상 편집

하루 한 파트씩(A4 1.5장~2.0장 글꼴 10pt) 글을 쓰려고 노력한다. 어떤 날은 컨디션이 좋아 2개 파트의 글을 쓸 때가 있고, 어떤 날은 제목만 쓸 때가 있다. 필자는 졸리거나 집중이 안 돼 제목만 써질 때 집중력을 높이기 위해 꼭 하는 행동이 있다. 전날 치러진 국내 농구 경기와 NBA 경기의 하이라이트를 몰아서 보는 것이다. 농구 시즌이 아닐 때는 주로 NBA 베스트 모음 영상을 즐겨보고, 최신 영화 리뷰 영상도 챙겨본다. 특히 농구 영상을 시청하다 보면 국내 농구 영상보다 NBA 영상을 보며 마무리할 때가 많아 아쉬울 때가 있다. 그도 그럴 것이 다양한 각도에서 촬영된 고화질의 영상을 재미있게 편집한 NBA 영상들이 많기 때문이다. 관련 영상이 많다 보니 유튜브 알고리즘에 의해 추천되는 영상 또한 많아져 자꾸 시청하게 된다.

주말마다 3시간씩 동호회 농구를 즐기는 필자는 가끔 이런 상상을 한다.

'내가 농구하는 모습을 10분 정도 편집해볼 수 있었으면 좋겠다. NBA 영상처럼.'

의외로 필자와 같은 생각을 하는 이들이 많았다. 현재는 간이 스탠드에 스마트폰을 끼우고 10명이 뛰는 코트를 좌우로 움직이며 찍는 정도다. 슬로 모션이나 줌인 · 줌아웃, 리플레이 편집은 사치다. 그런데 우연히 지인으로부터 이와 비슷한 이야기를 듣게 됐다. 야구 동호회에서는 이미 진행되고 있다고 한다. 늘 그런 것은 아니지만, 큰 대회가 치러지고 나면 선수별로 편집된 영상을 발송해준다고 한다. 별도의 카메라 전문가와 영상 엔지니어가 작업하기 때문에 추가 비용이 발생하기는 하지만 말이다. 그래도 해당 편집 영상을 건네받는 이들의 만족도는 매우 높다고 한다. 특히 본인이 크게 활약한 경기에서 편집된 영상은 고이고이 간직하고, 유튜브에 올려 기회가 될 때마다 주변인들에게 자랑한다고 한다. 홈런 포함 5타수 4안타, 도루 1개, 삼진 7개(동호회 야구에서는 타자가 투수가 되기도 한다) 정도의 경기 성적이라면, 전체 유튜브 조회수 중 절반 이상은 본인이 시청한 것으로 간주하면 된다.

아마존 고를 보며 공유 카메라를 상상하다

아마존의 무인 매장 '아마존 고' 관련 영상과 기사를 보고 나서 필자는 공유 카메라를 떠올렸다. 일단 '아마존 고'에는 '컴퓨터 비전 (Computer Vision)'이라는 기능이 있다. 천장에 장착된 수백 대의 카메라가 매장을 찾는 고객과 매장에서 거래되는 모든 상품을 추적하는 기술이다. 매장을 방문한 고객들의 이동 경로를 추적하고, 어떤 상품의 매대에서 얼마나 머무는지, 어떤 상품을 집었다 놓았는지까지 데이터로 수집한다. 말처럼 쉬운 기술이 절대 아니다.

✖ 아마존 고 '컴퓨터 비전'

필자는 좀 더 쉬운 기술을 적용할 수 있지 않을까 상상해봤다.

단추 크기의 별도 칩을 착용하면 카메라가 추적하며 촬영하는 것이다. 해당 앱을 열어 카메라를 지정하면 지정한 시간만큼 칩을 부착한 사람을 따라다니며 촬영한다. 이때 3점 라인이나 골대 근처에 가까워지면 자동으로 줌인(Zoom In)을 하고, 벗어나면 다시 줌아웃(Zoom Out)하며 촬영이 이뤄진다. 문제는 편집이다. 편집은 마치 인테리어와 같다. 같은 공간이라 하더라도 누가 어떻게 어떤 효과음을 사용하느냐에 따라 완전히 달라진다. 하지만 편집만큼은 걱정할 것이 없다. 인공지능 편집 기술이 날이 갈수록 발전하고 있기 때문이다.

실제로 2016년에 개봉한 영화 '모건(Morgan)'의 예고편이 인공지능에 의해 90% 이상 편집됐다. 과거 가장 인기 있었던 영화 수백 편의 예고편을 학습한 결과다. 방법은 이렇다. 90분짜리 영화 한 편을 지정하고 원하는 시간을 적용하면 인공지능이 그에 맞는 여러 개의 예고편을 제시한다. 물론 최종 마무리는 감독과 전문 엔지니어가 하지만 다양한 예제와 작업 시간 단축에 있어서는 매우 효과적이라 할 수 있다.

필자는 평균 3시간 정도 농구를 한다. 5분이든 10분이든 원하는 시간을 지정하면 거기에 맞춰 필자의 베스트 영상이 편집돼 다양하게 제시된다면, 더는 바랄 것이 없을 것 같다. 그렇게 되면 함께 경기했던 다른 동호인과 리뷰도 하고, 소통도 원활해질 것으로 생각한다. 그뿐만 아니라 실내 코트에서 진행되는 배구, 배드민턴, 족구, 기타 생활 체육 활동 모두에 적용할 수 있다.

사람들은 기뻤던 기억, 화려했던 기억, 맛있었던 기억, 아름다웠던 기억들을 모두 추억하고 싶어 한다. 그리고 간직하고 싶어 하고, 계속 꺼내보고 싶어 하고, 공유하고, 공감받고 싶어 한다. 과거, 필름이 그랬고, 디지털카메라가 그랬고, 스마트폰이 그랬고, 지금은 페이스북과 구글, 인스타그램이 그렇다.

　　셀카봉의 매력은 사진 촬영하느라 늘 배제됐던 아빠의 모습과 남친의 모습을 가족사진으로, 커플사진으로 끌어들여 완성시켰다는 점이다. 그런 점에서 누군가 필자의 글 쓰는 모습을 촬영해줬으면 좋겠다. 매 파트별로 어떤 표정으로, 어떤 자세로, 어떤 분위기에서 글을 쓰는지 확인하고 싶다. 지금 이 글을 쓰고 있는 스타벅스 매장에 공유 카메라가 설치됐으면 하는 바람이다.

토니 스타크

지은이 **밀런**
신문

화성에서 인간이 생활할 수 있게끔 한다 하네
그래서 우주선을 개발했다 하네

필요한 에너지는 태양에서 얻겠다 하네
그래서 관련 기술을 개발했다 하네

수집된 태양에너지로 작동하는 전기자동차까지 만든다 하네
엔진도 없고 소음도 없이 스스로 운행까지 한다 하네
허허~참! 기가 막히네

돈은 어디서 났나 봤더니
과거 온라인 결제 서비스 회사를 창업해 팔았다 하네
엄청~ 벌었는갑네

그 그 그 뭐시기 영화 실제 인물이라던디
난 놈일세 난 놈이여
이잉~영화에서는 진짜 날아다닌다 하더마

제시한 내용과 가장 관련 있는 <u>인물</u>은?

일론 머스크

A

팀 쿡

B

밑줄 친 '온라인 결제 서비스'가 의미하는 <u>브랜드</u>는?

PayPal™

A

 Pay

B

그 그 그 뭐시기 영화 실제 인물이라던디

난 놈일세 난 놈이여

이잉~영화에서는 진짜 날아다닌다 하더마

마지막 단락에서 말하는 영화 <u>제목</u>은?

아이언 맨

A

스파이더맨

B

화성에서 인간이 생활할 수 있게끔 한다 하네
그래서 우주선을 개발했다 하네

필요한 에너지는 태양에서 얻겠다 하네
그래서 관련 기술을 개발했다 하네

수집된 태양에너지로 작동하는 전기자동차까지 만든다 하네
엔진도 없고 소음도 없이 스스로 운행까지 한다 하네
허허~참! 기가 막히네

위 단락에서 알 수 있는 브랜드는?

SPACEX

BLUE ORIGIN

TESLA

UBER

A

B

—— 해설 혹은 힌트 ——

필자는 잘 생긴 사람에게 '잘 생겼다'라고 말한다. 반면 자수성가한 사람에게는 '자생(自生)겼다'라고 말한다. 일론 머스크는 잘 생기고, 자생긴 사람이다.

1971년 남아프리카공화국 프리토리아에서 태어난 일론 머스크는 컴퓨터 프로그래밍을 독학했고, 12살에는 직접 설계한 비디오 게임 코드를 500달러에 판매하기도 했다. 24살이 되던 해에는 물리학 박사 학위를 취득하기 위해 스탠퍼드 대학에 들어갔지만, 이틀 만에 자퇴하고 이후 인터넷 기반 지역 정보를 제공하는 '집투(Zip2)'라는 회사를 설립했다. 4년 후 컴팩의 자회사 알타비스타에 3억 7,000만 달러(약 4,167억 원)에 매각하면서 그중 일부인 약 2,200만 달러(약 247억 원)를 그의 몫으로 받게 된다. 첫 창업에서 매각까지 불과 4년 만에 백만장자가 된 것이다.

지금의 일론 머스크를 유명하게 만든 것은 테슬라다. 스마트폰의 대명사가 아이폰이라면, 전기자동차의 대명사는 테슬라로 불릴 만큼 혁신적인 자동차 생태계를 만들어낸 인물이다. 지구가 아닌 화성에서의 삶을 위해 우주선(스페이스엑스)을 개발했고, 화성에서 필요한 에너지를 얻기 위해 태양열 에너지 기업(쏠라 시티)까지 설립했으며, 이 에너지로 전기모터를 돌려 운행할 수 있는 자동차(테슬라)를 개발했다. 이메일을 이용한 결제 서비스기업 페이팔의 창업 멤버이기도 했던 일론 머스크는 추후 페이팔이 나스닥 시장에 상장되고 5개월 후 이베이에 15억 달러에 인수되면서 보유지분 2억 5,000만 달러(약 2,816억 원)로 그야말로 자생긴 억만장자 대열에 올라서게 된다. 영화계에서도 일론 머스크의 가치를 높게 평가해 영화 아이언맨의 주인공인 '토니 스타크'의 모티브로 삼기도 했다.

요즘
지식

변화에 민감하면 모든 것이 부드럽게 연결되고,
무한한 상상력이 발휘된다.
가능성은 그때쯤 발견된다.

PART 4

불가능한 융합에서
가능성을 발견하다

1

코딩보다 쿠킹

코딩과 쿠킹이 닮았다 ▼

쿠킹

'굵직하게 오징어를 썰어둡니다. 양배추도 큼직하게 썰어두고, 양파는 채썰고, 당근도 먹기 좋은 크기로 썰고, 풋고추와 홍고추는 어슷하게 썰어둡니다. 송송 썰어둔 대파에 식용유를 붓고 파기름을 만듭니다. 노릇하게 대파가 볶아지면 썰어둔 오징어와 설탕을 넣고 다시 볶아줍니다. 그래야 단맛이 입혀지니까요. 고춧가루, 고추장, 간장, 마늘까지 넣고 계속 볶아주면서 채소를 넣습니다. 적당히 볶아주며 중간중간 간을 맞춥니다. 마지막으로 참기름과 통깨를 뿌리면 맛있는 백선생표 오징어 볶음이 완성됩니다.'

오징어에 설탕을 넣고 함께 볶아주는 것이 포인트다. 눈으로 레시피를 익혔으니 이제 실습에 들어간다. 냉장고를 열어 백선생의 레시피와 일치되는 재료를 찾아봤더니 신선한 오징어만 없다. 급하게 오징어를 사서 재료 손질을 시작한다. 텔레비전으로 봤을 땐 쉬워 보였는데 오징어에 칼집을 넣는 게 생각처럼 쉽지 않다. 분명 마름모꼴 칼집을 시도했건만 다양한 모양의 도형이 연출된다. 아무렴 어떤가, 아직 필자에게는 12단계의 레시피가 남아 있다. 모든 조리가 끝나고 시식만 남았다. 시식 전 사진 촬영을 마치고 맛을 보았더니 뭔지 모르게 부족한 듯하지만 그래도 맛은 있다.

필자는 '집밥 백선생' 프로그램을 좋아한다. 보통의 재료와 도구를 사용하면서도 특별한 맛을 선사하기 때문이다. 프로그램에서 연출되는 음식을 맛본 건 아니지만, 백선생이 운영하는 여러 식당의 음식을 즐겨 먹는 입장에서 어느 정도 가늠이 된다. 백선생에게는 특별한 레시피가 있다. 재료에 따라 즉흥적으로 조리되는 듯하지만 특별한 맛을 선사한다. 같은 재료라 하더라도 쓰는 도구에 따라 다른 맛을 연출하기도 하고, 같은 도구, 같은 재료라 하더라도 늘 백선생만의 특별한 맛을 연출해낸다.

그의 특별함이 가장 돋보일 때는 상대방의 입맛에 따라 새로운 레시피가 만들어진다는 데 있다. 같은 재료, 같은 도구에서 이유식을 만들고, 간식을 만들고, 코스 메인 요리에 버금가는 훌륭한 요리를 만들기도 한다. 그렇기 때문에 빠르게 변화하는 사회 흐름과 다양한 경우의 수가 존재하는 요식업 분야에서 그때그때 어울리는 새로운 맛과 서비스, 분위기를 연출하며 승승장구한다.

✖ 코딩보다 쿠킹

코딩 레시피

백선생의 레시피는 마치 4차 산업혁명에 자주 등장하는 알고리즘, 머신러닝과 같다. 재료 하나하나가 가진 맛과 향에 대한 데이터, 다른 재료와 어울렸을 때 만들어지는 데이터, 어떤 도구로 조리하느냐에 따라 다양하게 연출되는 데이터, 누가 먹느냐에 따라 어떻게 반응하는지에 대한 데이터, 시간·날짜·계절·지역·날씨에 따른 데이터, 오랜 시간 머리와 가슴으로 체득한 백선생만의 빅데이터가 다양한 조리법, 곧 알고리즘 개발로 이어지면서 친숙하고 새로운 요리가 늘 탄생한다. 애플, 구글, 아마존, 텐센트, 페이스북, 넷플릭스, 우버 등 업계 최고라 자부하는 기업들 역시 그들만의 데이터(재료)와 알고리즘(조리법)을 경쟁력으로 삼고 빠르게 변화하는 흐름에 대처하고 있다.

이런 백선생의 레시피는 코딩과 많이 닮았다. 결국, 최종 사용자가 누구냐에 따라, 얼마나 편리하게 자주 사용할 수 있느냐에 따라 새로운 서비스가 빠르고, 다양하게 개발될 수 있기 때문이다. 차이는 레시피의 재료가 데이터라는 점, 도구가 컴퓨터라는 점이다. 새롭게 신설된 코딩 교육이 지향해야 할 방향 역시 그런 것이다. 영국에서는 2014년부터 초·중·고교에서 코딩을 필수 과목으로 가르치고 있고, 일본, 이스라엘 등 세계 각국에서도 경쟁적으로 코딩 교육을 진행하고 있다.

발 빠르게 움직이는 곳은 역시 사교육 쪽이다. 우려되는 점은 새로운 맛의 개발, 청결, 서비스로 무장돼야 할 코딩 교육이 벌써부터 경시 대회 입상반과 내신 성적반으로 나뉘어 움직이고 있다는 사실이다. 이는 마치 20분 동안 삶아낸 육수에 분유를 섞어 색을 내고, 조미료를 잔뜩 넣어가며 설렁탕을 만들어내는 것과 같은 것이다.

유치원생과 초등학생들은 퍼즐이나 블록 맞추기 등 게임 방식을 이용해 컴퓨터 프로그래밍 원리를 배우고 있다고 한다. 필자는 여기에 쿠킹(Cooking)이 추가됐으면 한다. 원리를 배우는 것은 좋지만, 중요한 것은 그 원리를 통해 새로운 맛을 개발해내는 것이다. 그래야만 새로운 맛에 대한 반응을 얻어낼 수 있기 때문이다. 여기서 말하는 반응은 수시로 변형을 통해 완성도를 높일 수 있다는 의미이기도 하다. 마치 앱스토어에서 수시로 업데이트가 이뤄지는 것과 같다.

인공지능, 사물인터넷, 지능형 로봇, 빅데이터 분석, 가상현실, 증강현실, 자율주행 등 모든 분야에서 새로운 프로그램이 개발되고, 새롭게 업데이트되고 있다. 기업 가치 1조 원에 버금가는 유니콘 스타트업들이 꾸준히 생겨나는 이유는 시장의 반응을 수시로 측정할 수 있기 때문이다. 제2의 구글, 제2의 페이스북을 목표로 코딩 교육이 선행돼야 한다면, 쿠킹을 통한 레시피 알고리즘도 함께 병행됐으면 한다.

아직도 '아마존 고'를 보며 일자리 위협을 말하는가?

> **직원들의 역할과 효율을 높일 뿐이다** ▼

진짜 '아마존 고'에는 '무인'이 없다

무인상점, 무인매장, 무인마트, 무인마켓, 무인식료품점, 무인 편의점, 계산원 없는 편의점, 무인슈퍼마켓… 각각 다르게 표현됐을 뿐, 이미 '아마존 고'를 예상했을 것이다. 언제부턴가 '무인'이라는 수식어가 자주 들린다. 무인자동차, 무인비행기, 무인잠수함, 무인트럭, 무인호텔, 무인카페, 무인택배함, 무인우체국 등… 첨단 기술로 인해 편리함과 안전함을 동시에 누릴 수 있게 됐지만 동시에 일자리 위협에 대한 우려도 생겨났다.

요즘 들어 무인상점하면 '아마존 고'를 먼저 떠올리는 사람이 많아졌다. 마치 접착식 메모지의 대명사 '포스트잇', 즉석밥의 대명사 '햇반'처럼 '아마존 고'가 무인상점의 대명사로 굳어지는 분위기다.

2016년 12월, 아마존은 '아마존 고'에 대한 소개 영상과 소개글을 공개했다.

Introducing Amazon Go and the world's most advanced shopping technology.

Now open in Seattle! Amazon Go is a new kind of store featuring the world's most advanced shopping technology. No lines, no checkout – just grab and go! Get the app at.

소개글에는 '세계에서 가장 진보된 기술을 가진 새로운 종류의 상점'이라고 소개돼 있다. 영상에는 '아마존 고' 앱을 다운로드해 자신의 ID가 담긴 QR코드를 입구에서 스캐닝한 후 입장한다. 원하는 물품을 집으면 매장에 장착된 카메라와 각종 센서가 해당 상품을 인식하고, 인공지능 기술이 가격을 계산한다. 집었던 물품을 다시 제자리에 내려놓으면 해당 가격 역시 제외된다. 쇼핑이 끝나면 별도의 계산 없이 그대로 나가면 된다. 계산은 아마존 계정에 등록된 신용카드를 기반으로 자동으로 진행되기 때문이다. 별도의 계산원, 계산대 없이 빠르고, 편리하게 원하는 물품을 구매할 수 있다. 그렇기 때문에 아마존은 무인상점이 아닌 'JUST WALKOUT

TECHNOLOGY'라고 소개한다.

✖ 아마존 고

    그렇다면 어떻게 해서 '무인'이라는 수식어가 사용됐는지 궁금해진다. 필자가 알아본 결과, 다음과 같이 추측된다. 직접 취재를 통해 기사를 작성했던 기자들도 '아마존 고'와 같은 시스템의 상점은 처음이었을 것이다. 소개글의 내용을 그대로 인용하기에는 독자들이 이해하기에 다소 어려울 수 있다고 판단하고 계산원과 계산대가 없다는 점에 착안해 '무인'이라는 수식어를 사용하지 않았나 생각한다. 결국 짧고 간결한 기사의 헤드카피가 필요했던 것이다. 이는 다시 나라별로 번역하는 과정에서 더 굳건하게 '무인'이라는 수식어가 사용됐을 것이다. 그 기자들은 직접 현장에서 취재하지 않았기 때문이다. 기사의 취지는 분명 최첨단 기술에 대한 소개였을 테지만, 해석은 놀라움과 우려, 두 가지로 나뉜다. 세계에서 가장 진보된 기술을 가진 새로운 종류의 상점에 대한 관심과 기대, 그리고 일자리 위협에 대한 우려가 그렇게 시작됐다.

인공지능 상점 '아마존 고' 오픈

그동안 아마존 임직원을 상대로 시험 운영해왔던 '아마존 고'는 2년여에 걸친 시행착오를 통해 2018년 01월, 일반 고객(아마존 프라임 회원)들도 이용할 수 있는 인공지능 상점 '아마존 고'를 미국 시애틀 아마존 본사에서 정식 오픈했다. 마치 텔레비전에서만 보던 인기 가수가 신곡 쇼케이스를 위해 시애틀에 방문한 것처럼 소개 영상과 기사에만 의존했던 '아마존 고'가 진짜 나타난 것이다.

정식 오픈과 동시에 가장 눈길을 끌었던 것은 '몰래 훔친 상품'에 대한 실험 내용이 담긴 기사였다. 사전 동의를 구하고 취재에 나섰던 기자는 실제 상점 안에서 물품을 구매하면서 일부는 가방(입장하면 나눠주는 주황색 쇼핑 가방)에 담고, 일부는 주머니에 몰래 훔치듯 담고, 다른 하나는 동료 기자의 가방에 몰래 넣는 실험을 진행했다. 진짜 인공지능 기술이 상점에서 일어날 수 있는 다양한 경우의 수를 해결할 수 있는지에 대한 궁금증에서 시작된 실험이었다. 구매후 밖으로 나온 기자는 잠시 후 앱으로 전송된 영수증을 확인했다. 결과는 놀랍고도 흥미로웠다. 자신의 가방과 주머니에 몰래 담았던 물품들이 그대로 장바구니에 담겨 계산됐고, 동료 기자의 가방에 몰래 담았던 물품 역시 동료의 계정으로 계산됐다는 사실을 알게 된 것이다. 해당 영상과 기사는 많은 사람의 호기심과 관심을 불러 일으키기에 충분했다. 더불어 '앱이 없는 사람도 일행의 앱을 이용 하면 입장할 수 있지만 일행의 계정으로 결제된다.'는 정보와 '집었 던 물품을 다시 선반에 내려놓았는데 영수증에 청구돼 당황했지만 해당 항목을 밀어 삭제를 누르고, 삭제 이유를 입력했더니 다시 정 정된 영수증을 받았다.'는 정보가 이어지는 등 다양한 실험과 정보 를 담은 영상과 기사가 쏟아졌다.

이쯤에서 '아마존 고'에는 어떤 기술들이 적용됐는지 궁금해진 다. 일단, 수백 대의 센서와 카메라가 물건 위치와 고객의 움직임을 파악한다. 이때 동시 입장 가능 인원은 60~70명으로 제한된다. 이 는 2017년 말 임직원을 대상으로 한 실험에서 동시에 너무 많은 인 원이 입장하자 시스템 오류가 발생한다는 사실을 확인하고 난 후 인원 제한을 둔 것이다. 그렇기 때문에 상품을 구매하고 계산할 때 는 줄을 서지 않는데 오히려 입장할 때 대기하는 줄이 길게 이어지 는 모순된 상황이 연출되기도 했다. 천장에 설치된 카메라와 센서 는 앱을 찍고 매장에 입장하는 고객들을 시각적으로 구별하고 동선 을 추적한다. 이와 동시에 고객이 집었거나 다시 내려놓은 상품은 선반에서 사라진 물건의 무게를 감지해 종합적으로 판단한 후 어떤 고객이 해당 상품을 들고 갔는지 결정한다. 정리하면, 컴퓨터 영상 인식(Computer Vision), 복수의 감지 데이터를 종합해 판단하는 센서 퓨전(Sensor Fusion), 사람처럼 종합적으로 감지, 판단하는 딥러닝 알고리즘(Deep Learning Algorithms) 기술까지 마치 자율주행차에 적용되는 기술과 같다고 할 수 있다.

그렇기 때문에 무인 자율주행차와 같이 '아마존 고' 역시 직원 없이 운영된다고 생각될 수 있지만, 실제 매장에는 12명의 직원이 있다. 입구에서 앱 설치 여부를 물으며 입장을 돕는 직원, 비어 있는 선반에 상품을 채우는 직원(센서가 제대로 인식할 수 있도록 정위치에 배치해야 한다), 샐러드와 샌드위치를 만드는 직원, 주류 코너에서 신분을 확인하는 직원들이 일하고 있다.

아마존은 이렇게 말한다. "아마존 고에 적용된 기술은 직원들의 역할을 바꿔 효율을 높이는 것이지, 일자리를 없애려는 게 아닙니다. 아마존 고에는 상품을 진열하고 음식을 만들며, 소비자 신분을 확인하는 직원 등이 있기 때문입니다." 사람들이 '아마존 고'에 대한 기술에 놀라면서도 한편으로는 일자리 위협에 대한 우려를 하게 된 이유가 '무인'이라는 수식어에서 비롯되지 않았나 생각한다.

진짜 무인상점은 한국에 있다

우리나라에서도 무인편의점이 운영 중이다. 그 예로 서울 잠실 롯데월드타워 31층에 있는 '세븐일레븐 시그니처'를 들 수 있다. 특징은 정맥 인식으로 입장하고, 상품을 고르면 360도 스캐너가 자동으로 계산한다. 이후 결제 역시 정맥 인식으로 해결한다. 이를

'핸드 페이'라고도 한다. '이마트24'의 일부 편의점도 무인으로 운영된다. 직접 상품을 고르고, 직접 바코드를 인식시키고, 직접 신용카드로 결제해야 한다. 다시 말해, 직원만 없을 뿐 셀프서비스로 운영되는 곳이다.

일본의 '로손'이라는 일부 편의점도 무인으로 운영 중이다. 특징이 있다면, 상품 하나하나에 전자태그를 부착했다는 것이다. 원하는 상품으로 고르고 바구니에 담아 바구니 채로 계산대에 놓으면, 비닐 포장과 동시에 자동으로 계산된다. 뭔가 편리해 보이지만, 단점은 전자태그 하나에 200원 정도 소요된다는 점이다. 단가가 높아진다는 이야기다. 중국의 무인편의점은 한국과 일본보다 한 수 위다. 그 예로는 이동식 무인편의점 '빙고박스'를 들 수 있다. QR코드를 찍어 입장하고, 상품을 집어 계산대에 올리면 자동으로 바코드가 인식되고, 결제 역시 QR코드로 한다. 도난에 대비해 인공지능 카메라가 결제된 상품과 결제가 안 된 상품을 자동으로 스캔하고, 문제가 발생하면 중앙 관제 센터에 통보한다.

앞서 언급한 편의점 모두 '무인'이라는 수식어가 붙는다. 틀린 말은 아니다. 하지만 '아마존 고'에 비하면 한참 멀었다.

집었다 내려놓은 상품의 데이터까지 수집한다.

'아마존 고' 매장의 천장에 설치된 수백 대의 카메라는 고객의 동선을 따라 움직인다. 어떤 상품의 선반 앞에 머무는지, 얼마나 머무는지 파악한다. 또 상품을 집었을 때 선반은 무게가 빠진 것을 감안해 자동으로 물량을 파악하고, 해당 고객의 모바일 장바구니에 상품 정보를 추가한다. 이때 상품을 집었다가 변심으로 다시 제자리에 놓을 경우, 추가됐던 상품 정보는 사라진다. 그렇다. '아마존 고'와 다른 편의점의 가장 큰 차이가 여기 있다. '아마존 고'는 얼마나 머무는지, 어떤 상품을 집었다가 다시 내려놓았는지까지 데이터로 수집한다. 고객 취향 데이터를 놓치지 않고 가능한 한 모든 것을 수집한다. 예를 들면, 집었다가 다시 내려놓은 상품의 경우, 구매하지는 않았지만 관심이 있다고 판단해 향후 관련 쿠폰을 발송해 구매를 유도한다. 맥주를 좋아하는 고객에게 맥주 안주 관련 상품을 추천하고, 다이어트 관련 상품에 관심을 보인 고객에게 저칼로리 위주의 상품을 추천하고, 할인 쿠폰을 발송하는 식이다. 고객의 취향은 쉽게 변하지 않는다. 이는 한 번 수집된 데이터를 오랫동안 묵혀 사용할 수 있다는 방증이기도 하다. 결국, 국내 편의점들이 편리성을 강조할 때, 아마존은 온·오프라인상의 사소한 데이터까지 모두 수집해 가족, 연인보다 더 많은 고객의 취향을 알고 있다고 할 수 있다. 집었다 내려놓은 상품의 데이터까지 수집할 줄 누가 알았겠는가? 이제 우리는 기술과 편리성으로 무장한 '아마존 고'의 데이터 수집 능력에 더 많은 관심을 가져야겠다.

3

산타가 타는 차는
미래형 자율주행 자동차

세상 모든 기술 개발이 루돌프 썰매로 향하고 있다 ▼

산타의 빅데이터

🎵 동요 '울면 안 돼'

산타할아버지는 알고 계신대 누가 착한 앤지 나쁜 앤지

오늘 밤에 다녀가신대

잠잘 때나 일어날 때 짜증 낼 때 장난할 때도

산타할아버지는 모든 것을 알고 계신대

울면 안 돼 울면 안 돼

산타할아버지는 우리 마을을

오늘 밤에 다녀가신대

아마도 처음 만나는 아이일 텐데 산타는 누가 착한 앤지 나쁜 앤지 알 수 있다고 한다. 분명 어디선가 개인 정보가 새나가고 있는 것이다. 잠잘 때나 일어날 때 짜증 날 때 장난할 때도 모든 것을 알고 계신다고 한다. 내 방 어딘가에 몰래카메라가 설치돼 있거나 아니면 침대 옆에 놓인 인공지능 스피커나 내 컴퓨터 모니터에 달린 캠이 해킹당하고 있는 것이 분명하다. 우리 마을을 오늘 밤에 다녀가신다고 하는데 핀란드에서 여기까지 오시려면 하루 전에는 출발해야 할 텐데, 직항도 없을 텐데…. 루돌프를 타고 오신다 한들 비행 금지 구역을 피해서 와야 안전할 텐데…. 성탄 선물을 받기도 전에 걱정부터 앞선다. 루돌프가 사용하는 내비게이션이 '웨이즈'나 '구글 지도'라면 우리 집까지 정확하게 안내되지 않을 텐데, 우리나라에 와서는 '티맵'이나 '네이버 지도 앱'을 다운로드하면 좋을 것 같다.

핀란드의 수도 헬싱키에서 북쪽으로 900km 정도 이동하면 산타의 고향 '로바니에미'가 있다. 이곳에서 선물 꾸러미를 싣고 루돌프의 착한 아이 추천 알고리즘을 바탕으로 성탄 선물을 전달한다. 우는 아이에게는 선물을 주지 않는다. 핀란드에서 자란 루돌프는 선물을 전달해야 할 아이의 집을 잘도 찾는다. 산타는 핀란드에서부터 루돌프를 운전하고 오느라 피곤할 법도 한데 꼼꼼하게도 배달한다.

루돌프는 드론형 자율주행 썰매

아마도 산타가 타는 루돌프 썰매에 자율주행 옵션이 장착된 듯하다. 일정한 속도로 고정했을 때 가속페달을 밟지 않아도 주행할 수 있도록 해주는 '크루즈' 기능이 있다면 자율주행 2단계에 해당하는 루돌프 썰매일 것이고, 여기에 핸들을 잡지 않아도 주행할 수 있다면 자율주행 3단계에 해당하는 루돌프 썰매일 것이며, 다시 여기에 두 눈을 감고도 주행할 수 있다면 자율주행 4단계에 해당하는 루돌프 썰매일 것이다. 핸들도 없고, 페달도 없고 아예 운전석 자체가 없다면 5단계에 해당하는 완전 자율주행 썰매에 해당한다. 루돌프의 목줄을 잡고 운전하는 모습을 보니 4단계에 해당하는 자율주행 썰매임이 틀림없다.

만약 4단계에 해당한다면, 산타의 선물 배송은 불법이 된다. 우리나라에서는 아직 자율주행 차량의 도로 진입이 불가능하기 때문이다. 놀라운 점은 자율주행 4단계에 해당하는 차량의 경우, 사고 시 운전자인 산타의 책임이 아닌 루돌프 썰매 제조사의 책임이 된다는 점이다. 수십 년이 지난 지금까지 썰매 관련 사고 보도가 없는 걸 보니 믿고 구매할 수 있는 정도의 기술 수준임에는 분명하다.

자유자재로 별다른 소음도 없이 하늘을 날아다니는 루돌프 썰매에서 미래형 드론의 모습을 그대로 엿볼 수 있다. 추운 겨울 새벽 시간에 성탄 선물을 전달함에도 불구하고 비행 소음이 발생하지 않아 단 한 건의 민원도 발생하지 않았다는 점에서 더더욱 그렇다. 어쩌면 드론형 4단계 자율주행 기능을 장착한 루돌프 썰매가 지금 세계 각지에서 개발되고 있는 관련 기술의 최종 목표가 아닐까 생각한다. 물론 5단계 완전 자율주행도 좋지만, 성질 급한 사람 중 규정 속도에 맞춰 안전하게 운행하는 차량이 답답해 직접 운전을 병행할 수 있는 4단계 차량을 더 선호할 수도 있다. 또한 스스로 움직이는 기계인지라 행인들에게 다소 위협적인 느낌을 줄 수도 있다. 그렇기 때문에 루돌프와 같은 친근한 동물 혹은 꼬마버스 타요처럼 귀여운 느낌의 눈동자가 그와 같은 느낌을 많이 와해시켜준다는 점에서 매력이 많은 이동 수단이다.

산타는 위대한 인물

날아다니는 자동차를 조종하기 위해서는 운전 면허증과 비행 조종 관련 면허증이 필요하다. 그런 점에서 산타는 정말 대단한 인물임이 틀림없다. 성탄 선물을 전달하기 위해 관련 데이터를 끊임없이 수집하고, 다시 분석해 착한 아이, 나쁜 아이를 구분하고, 최적의 경로를 파악해 이동 시간을 줄이고 이와 동시에 연료 사용도 줄임으로써 탄소 배출 감소에도 긍정적인 영향을 미친다. 사실 화석 연료를 쓰는지, 전기 배터리를 쓰는지, 수소 에너지를 쓰는지 아니면 낮 시간에 태양열 에너지로 충전된 ESS를 쓰는지 확인하기 어렵다. 중요한 것은 글로벌 시가총액 10위 안에 랭크된 무형의 자산을 많이 보유한 기업의 모든 기술을 산타의 루돌프 썰매가 모두 갖고 있다는 것이다.

루돌프 썰매의 실체는 없지만, 4차 산업 관련 기술이 그 실체를 만들어가고 있다. 꿈은 현실이 되고, 현실은 기술로 완성되고 있다는 점에서 기술의 트렌드를 결코 놓쳐서는 안 될 것이다.

4

모든 사물에
인공지능 화자(話者)가 있다

'알렉사'가 당황스러워한다면 그것은 발견이다.
그 발견이 먼저 말을 걸어올 것이다

주문을 외우다

집으로 가는 차 안에서 4살 먹은 딸 아이가 '유튜브 키즈' 앱을
열고 마이크 아이콘을 누르며 주문을 외운다.

"뽀로로!"

딸은 검색 결과를 아빠에게 보여주며 이렇게 말한다.

"아빠! 뽀로로 나왔어. 또 뭐 보여줄까?"

이번에는 '타요'를 보여달라는 말에 딸 아이는 다시 마이크 아이
콘을 누르며 주문을 외운다.

(보통 목소리로) "타요."

(인식이 안 되자 조금 큰 목소리로) "타요!"

(그래도 인식이 안 되자) "아빠 안 돼. 해줘."

목소리를 높여가며 주문을 외친 딸아이가 검색이 안 된다며, 아빠에게 도움을 요청한다. 주변 소음 때문에 주문이 제대로 걸리지 않았던 모양이다.

집에 도착한 후에도 이와 비슷한 상황이 벌어진다.

"헤이 카카오, 소녀시대 'Gee' 틀어줘."

집에 들어선 딸 아이가 이번에는 인공지능 스피커에게 주문을 외운다. 주문이 걸리면 어김없이 아빠를 부르며 춤을 추자고 한다. 한창 춤을 추던 아이가 갑자기 엄마가 보고 싶었는지 '시리'를 찾는다.

"시리야, 엄마에게 영상 통화해줘."

아이폰 속 인공지능 '시리'에게 엄마 찾는 주문을 외운다. 귀찮을 법도 한데 '시리'는 모든 주문을 처리해준다. 마치 만화 속 램프의 요정 '지니'처럼 말이다.

앞서 언급한 내용은 이미 우리 현실 속에서 쉽게 볼 수 있는 상황

✖ 유튜브 키즈 음성 검색

이다. 한글을 읽지 못하는 아이에게 '음성인식 인공지능' 기술은 주문만 외우면 원하는 영상 · 음악 · 통화를 할 수 있도록 만들어준다. 이 아이에게 '인공지능'은 세상과 소통하는 매우 유용한 수단이다.

인공지능 당황시키기 놀이

미국의 초등학교에 다니는 '한나'는 친구들과 독특한 놀이를 즐긴다. 아마존이 출시한 인공지능 스피커 '아마존 에코'를 가운데 두고, '알렉사'를 당황시키는 놀이다. '알렉사'는 '아마존 에코'의 인공지능을 말한다. 마치 '아이폰'의 '시리'와 같은 녀석이다.

✱ 알렉사 당황시키기 놀이

보통은 날씨나 시간을 묻고, 음악을 틀어달라고 하거나 영어 철자를 묻지만, 친구들과 모이면 '알렉사'에게 장난스런 주문을 외운다. 주문에 걸린 '알렉사'에게 "당황스럽습니다."라는 답변을 듣게 되면 이기는 놀이다. 만약, "잘못 알아들었어요. 다시 말씀해주실 수 있을까요?"라는 답변을 들으면 탈락하게 되는 그들만의 룰도 있다. 아이들은 각자 돌아가며 주문을 외우고, 당황스럽다는 답변을 들을 때까지 계속 새로운 주문을 생각해야 한다. 그들에게는 재미있는 놀이지만, 이를 개발하는 학자들에게는 새로운 발견인 동시에 흥미로운 연구 대상이 되기도 한다.

미국 전체 인구의 5명 중 1명은 인공지능 스피커(음성 비서)를 자주 사용하고, 이들 중 대부분은 아마존 에코와 구글 홈을 사용한다고 한다. 특히, 25세에서 34세 사이의 어린 자녀를 둔 가정에서 사용 비중이 높다. 좀 더 확대 해석하자면 '아이젠(아이폰+제너레이션의 합성어로, 아이폰에 친숙한 세대를 뜻함)' 세대에서 사용 비중이 높게 나타나는 것이다. 기계에 익숙한 이들이기에 어쩌면 당연한 결과일지도 모른다. 학자들에게 '인공지능 당황시키기'와 같은 놀이는 인공지능과의 교류가 아이들의 인지 발달 그리고 생각의 힘을 키우는 데 어떤 영향을 미치는지 연구 욕구를 불러일으키게 한다.

화자 인식 인공지능

연구 결과가 어떻든 중요한 것은 기성세대가 20년간 축적한 지식을 '아이젠' 세대는 검색을 통해 2초 만에 얻어낸다는 사실이다. 즐거운 놀이를 통해 생각하는 힘을 키우고, 인터넷과 연결된(인공지능 기술이 적용된) 사물들과도 쉽게 친해진다. 10세 미만 아이들에게 아이폰은 사치일 수 있지만, '아마존 에코'와 같이 작고, 가벼운 인공지능 스피커는 사교 대상이 될 수 있다.

이 기술의 중심에 '화자 인식'이 있다. 음성 인식 기술이 주는 매력은 텍스트 입력과 달리 감정을 전달할 수 있다는 점이다. 이 기술이 더욱 발전하면 '화자 인식'이 된다. 여기서 화자 인식이란, 음성 데이터를 비교·분석해 화자가 누구인지 식별하는 기술을 말한다.

얼굴 인식에 카메라가 사용된다면, 화자 인식에는 마이크가 사용된다. 쉽게 말해, 인공지능이 말하는 사람에 따라 다르게 반응하는 것이다. 예를 들어 "내가 좋아하는 노래 틀어줘"라는 주문을 외우면, 각자의 목소리를 파악하고 아빠·엄마·딸이 좋아하는 노래를 각각 구분해 들려준다. 또한 쇼핑할 때도 아빠의 목소리는 별도의 결제 과정 없이 곧바로 주문되지만, 같은 상품을 주문하는 딸아이의 목소리에는 결제가 되지 않는다.

출처: 아마존·구글·애플·카카오 홈 사이트

✖ 다양한 인공지능 스피커

모든 사물에 '화자 인식' 인공지능 기술이 적용된다면, 언제 어디서든 나를 알아주는 사물들과 쉽게 친숙해질 수 있을 것이다. 그게 '알렉사'나 '시리', 또 다른 누구라도 말이다.

지금 우리에게 필요한 것은 인공지능이 먼저 말을 걸어올 때를 대비하는 것이다. 아직은 주문(명령)에 따라 반응하는 '인공지능 비서'에 불과하지만 인공지능이 먼저 말을 걸어오는 순간, 그와 친구가 될 수 있다. 내 목소리를 듣고, 나만의 별명을 불러주는 인공지능 친구가 나타날 날도 멀지 않았다. 인공지능 친구와 공존할 수 있는 우리만의 주문이 필요한 때다.

5

켈로그가 광고하면
아이폰이 반응한다

실수는 인공지능과 로봇으로 대체할 수 있지만
실패는 대체할 수 없다

'시리'얼

필자의 아이폰 인공지능 '시리'는 켈로그 광고만 나오면 이렇게
반응한다.

"네."

"듣고 있어요."

"말씀하세요."

광고만 들리면 호랑이 기운이 갑자기 솟아난 듯 반응한다. 필자
가 "시리야"라고 부를 때는 드문드문 반응하더니 '켈로그 시리얼'
광고 카피만 들리면 곧바로 반응한다.

필자가 부르지도 않았는데 반응하는 경우는 또 있다. 유치원 등원 전에 '켈로그 그래놀라'를 자주 먹는 딸에게 필자가 묻는다.

"우리 딸, 시리얼 먹을래?"

거실에 있는 딸에게 부엌에서 물었는데, 작은 방에서 외로이 충전 중이던 '시리'가 반응한다.

"(시리 반응음) 띠링… 네!"

"시리야"에 반응할 때보다 "시리얼"에 먼저 반응하는 '시리'를 보면 가끔 켈로그가 아이폰 인공지능과 별도의 마케팅 제휴를 맺은 것은 아닐까 의구심마저 갖게 된다.

아직은 인공지능이 아니다

음성 인식 오류는 인공지능 스피커 아마존 '에코'에서 종종 발생한다. 2017년 초 미국의 CW6 텔레비전에서 이런 보도가 있었다. 부모의 허락 없이 아마존 '에코'를 이용해 쿠키를 집으로 주문한 소녀의 이야기였다. '에코'를 이용해 원하는 물품을 주문하는 부모님의 모습을 보고 그대로 따라 했던 모양이다. 물론 보도의 핵심은 보안에 취약하다는 내용이었다. 문제는 그다음이었다. 보도를 이어가던 남성 앵커는 보도 말미에 테스트를 명목으로 이런 멘트를 던졌다.

"알렉사(아마존 인공지능), '인형의 집'을 주문해줘."

그 순간 방송을 듣고 있던 미국 전역의 아마존 '에코'가 실제 명령으로 인식해 자동 주문이 이뤄졌던 것이다. 논란이 확산되자 아마존은 동시간대에 접수된 '인형의 집' 주문을 전부 취소했다. 그 외에도 가족의 사적인 대화를 녹음해 제삼자에게 전송하는 해프닝도 있었고, 언성을 높여 싸우던 커플을 경찰에 신고해 남자 친구가 체포되는 일도 벌어졌다.

✖ 인공지능 스피커 '아마존 에코'

가장 많은 홈런 기록을 보유한 선수가 가장 많은 삼진 기록을 보유하고 있고, 수많은 실패를 경험한 창업자에게 더 많은 투자금이 몰린다. 그렇다. 아마존에게 이와 같은 오류는 더 많은 홈런 기록을 위한 한 번의 삼진 아웃에 불과한 것인지 모른다. 그 삼진 아웃 역시 데이터로 기록되고, 이는 다음 타석에서의 홈런을 위한 좋은 훈련이 될 것이다.

어쩌면 우리는 인공지능의 의미를 정확하게 이해하고 있으면서도 너무 많은 것을 바라고 있는지 모른다. 검색한 내용은 더 빨리 검색돼야 하고, 결제 수단은 더 안전하면서 더 간편해야 하고, 더 빠른 배송과 더 빠른 반품 처리를 기대하면서도 인공지능이 일자리를 감소시킨다며, 위협이 될 수 있다며 모순된 인공지능에 대한 반응을 보인다.

실수는 인공지능과 로봇으로 대체할 수 있지만 실패는 대체할 수 없다. 앞서 언급한 아마존 '에코', 아이폰 '시리'의 음성 인식 오류는 실수에 불과하다. 기술의 오류와 인간의 실수 사이의 가장 큰 차이점은 '새로운 발견'이라는 점이다. 이와 같은 발견은 실수를 반복하지 않도록 인공지능을 더 탄탄하게 만든다. 어쩌면 인간은 빠른 검색과 빠른 결제, 빠른 배송에만 몰두하기보다 바로 이런 차이를 빠르게 인지하고 대처해야 인공지능의 일자리 위협에서 자유로울 수 있을 것이다. 오류와 실수는 '새로운 발견'이라는 인식이 널리 확산돼야 한다.

테슬라,
허니버터칩을 닮았다

전기모터가 '허니'라면, 자율주행은 '버터' ▼

허니버터칩 인질극

'허니버터칩 인질극'이라는 제목으로 작성된 기사가 있다. 제목만으로도 궁금해져 해당 기사를 클릭하고 싶어진다. 어떤 기사일까 차근차근 훑어보지 않아도 첨부된 이미지 한 장으로 이미 모든 내용을 알 수 있다. '허니버터칩' 뒤로 비슷한 사이즈의 과자 3개가 하나로 묶여 가장 잘 보이는 곳에 근엄하게 자리하고 있고, 낱개로는 판매하지 않는다고 쓰여 있다. 이른바 끼워팔기를 하는 것이다. '허니버터칩'이 다른 비인기 과자 3개를 인질로 붙잡을 만큼 인기가 대단하다는 기사였다.

인기는 한동안 계속됐다. 그 인기에 무임승차하기 위해 유사한 감자칩이 등장하기 전까지는 그랬다. 경쟁업체들은 너나 할 것이 달콤하고, 고소한 비슷한 맛의 과자를 출시했고 '허니버터칩'과 가까운 위치에 진열됐다. '꿩 대신 닭' 전략으로 승부수를 던진 것이다. 전략은 적중했다.

'허니버터칩'을 구매하지 못한 많은 고객이 유사한 맛의 다른 과자를 구매한 것이다. 1년 후 매출 순위 집계에서 '수미칩 허니머스터드'가 1위, '오감자 허니밀크'가 2위를 차지했다. 그리고 5위에 '허니버터칩'이 있었다. 시장만 키워놓고, 다른 카피 제품들만 배부르게 만든 격이다. 대량 생산에 대한 필요성을 알면서도 인기가 금방 시들 것을 우려해 수요만큼 공급이 뒷받침되지 못해 고객들의 구매가 비슷한 맛을 자랑하는 다른 과자에 쏠린 것이다. 지금은 인질극을 펼칠 때의 근엄함은 사라졌지만, 어딜 가나 쉽게 살 수 있는 달콤하고, 고소한 감자칩의 대명사가 됐다.

테슬라와 허니버터

전기자동차의 대명사 '테슬라'가 그런 '허니버터칩'을 닮아가고 있다. 2017년 4월에 보도된 기사의 제목은 이랬다.

'테슬라 주가 상승, 시가총액 미국 1위 자동차 업체로 등극'

2017년 4월 4일 기준 주가는 303달러, 시가총액 530억 달러를 기록했고, 같은 날 'GM(General Motors)'의 주가는 34달러, 시가총액은 498억 달러로 기록돼 약 32억 달러 차이로 '테슬라'에 1위 자리를 내줬다.

지구 온난화로 인해 지구의 온도가 높아지면서 친환경 자동차에 대한 관심 또한 높아졌다. '지구 온도를 1도라도 낮출 수 있을까?' 하는 바람이 '테슬라'에게 쏠린 것으로 분석된다. '테슬라'는 전기자동차에 관련된 많은 특허를 갖고 있다. 여기에 자율주행 기능까지 옵션으로 추가되면서 전 세계 투자자들과 언론의 관심 대상이 됐다.

전기모터로 움직이는 '테슬라'는 배터리 충전을 요구한다. 전기모터는 탄소 배출의 주범인 화석 연료의 사용을 줄인다는 측면에서 그 가치를 인정받고 있다. 석탄과 같은 화석 연료의 사용이 줄어들 거라는 기대감을 갖게 하는 것이다. 아직은 화력 발전 비중이 높고, 친환경 에너지 생산에 제약이 많은 우리나라는 다소 무리가 있다. 태양광 패널업체 '솔라시티'가 '테슬라'와 합병하면서 직접 생산한 에너지를 자동차의 충전에 활용하고, 나머지 에너지를 가정에 사용하고, 그래도 남는 에너지를 전력 시장에 파는 선순환 시스템이 만들어지고 있다. 진정한 에너지 프로슈머가 각 가정에서 만들어지는 것이다. 이는 다시 블록체인 기술의 발전을 유도하기도 한다.

전기모터가 '허니'라면, 자율주행은 '버터'에 비유할 수 있다. 탄소 배출 감소에 자율주행이 미치는 영향은 매우 크다. 일단 급가속, 급정거가 줄어들고, 실시간 교통 상황을 반영한 최적의 경로로 이동할 수 있도록 유도하기 때문에 불필요한 에너지 낭비를 줄인다.

또한 운전자의 피로감을 덜어주면서 사고의 위험까지 낮춘다. 그야말로 달콤하고, 고소한 기술이 적용된 자동차계의 '허니버터칩'이라 할 수 있다.

✖ 테슬라 오토파일럿

출처: car1.hk

문제는 생산이다. 90% 이상의 로봇 생산을 지향했지만, 목표로 했던 만큼 받쳐주지 못하고 있다. 전 세계에서 선주문은 50만 대 넘게 받았지만 공급은 겨우 10%에 그쳤다. 그러는 사이 다른 나라의 기업들이 출시한 전기자동차의 시장 점유율이 점차 높아지기 시작했다. '허니버터칩'의 전철을 밟고 있는 것이다. 최초라는 타이틀을 가졌을지 모르지만, 매출 상승에 영향을 미칠 수 있을까에 대해 의문을 갖게 하는 대목이다.

매년 새로운 기술을 탑재하고 출시되는 스마트폰이나 고객 맞춤형 데이터 분석에 특화된 기술은 고객을 달콤한 유혹에 빠져들게 한다. 혹시 '집밥 백선생'이 부리는 설탕의 마법도 그런 달콤한 유혹의 기술이 아닐까 되새겨보게 된다. '허니버터칩'에서 '테슬라'를 발견했듯이 생활 속 다양한 소재에서 다양한 가능성을 발견할 수 있지 않을까 생각해보게 된다.

어르신들에게
무인기술이 절실하다

유인이 모여 무인을 만든다 ▼

복덕방(福德房)과 경로당(敬老堂)의 차이점

할아버지께서는 복덕방에 자주 계셨다. 세발자전거를 타다 넘어
져 무릎을 다치면 병원도 약국도 아닌 복덕방으로 향했다. 다친 무
릎을 보시고는 자연스레 손가락에 침을 묻히시더니 재떨이의 담뱃
재를 찍어 발라주셨다. 흐르던 피가 멈추면 어김없이 대일밴드를
붙여주셨다. 담배를 피우지 않는 필자에게 당시 '솔 담배'는 지금 필
자의 아이가 다쳤을 때 뿌려주는 '마데카솔'이었다.

할아버지와 친구분들께서는 모이시면 늘 화투를 치셨다. 담배
심부름과 재떨이를 비우는 일은 필자의 업무와도 같았고, 담배 심

부름으로 생기는 거스름돈은 온전히 필자의 몫이었다. 그렇기 때문에 재떨이를 비우는 일은 일종의 서비스였다. 그래야만 담배 심부름 용역을 계속 따낼 수 있었다. 친구들과 숨바꼭질을 하며 놀다가도 복덕방에 숨었고, 목이 말라도 복덕방, 낮잠도 복덕방에서 잤다. 지금이야 지나가다 담배 연기 냄새만 맡아도 아이에게 해가 될까 피해 가지만, 그때는 담배 연기 냄새를 맡아야 낮잠을 잘 수 있었고, 여기가 복덕방이구나 했다.

마을 어르신들이 자주 모여 계시다 보니 자연스레 공인 중개 업무를 대행했고, 그게 경로당과의 차이점이었다. 복덕방을 영어로 번역하면 'Real Estate Agency', 할아버지는 일종의 'Real Estate Agent'셨다. 손님이 오면 필자가 쓰다 남은 국민학교 공책에 검정 사인펜으로 지도를 그리셨다. 늘 기준점이 됐던 건물은 군청과 수협, 목욕탕이었다. 화투가 잠시 멈출 때는 할아버지가 집을 소개해 주기 위해 손님과 함께 복덕방을 나설 때다. 지금 필자의 아버지께서는 70대 중반이시다. 그런데 경로당에는 절대 가지 않으신다. 아직 그렇게 늙었다고 생각하지 않으신다. 복덕방에 계셨던 당시 할아버지의 연세가 60대 후반이셨다.

지금은 그때보다 훨씬 많은 사람이 복덕방을 찾는다. 필자 역시 마찬가지다. 차이가 있다면 지금의 복덕방은 비대면 영업 혹은 모임 장소로 변신했고, 연령층도 훨씬 젊어졌다는 점이다. 이름 또한 '직방'과 '다방'으로 젊게 바뀌었고, 특정한 장소도 없이 온라인상에서 소통하며 거래한다. 그렇기 때문에 그곳에는 담배 연기도, 담뱃

재도, 재떨이도 없다. 손님이 방문하면 '챗봇'이 맞이해주고, 손님들끼리 정보를 공유하기도 한다. 필자에게 '직방'과 '다방'은 온라인 버전의 복덕방 코스프레처럼 보인다.

살롱 문화

일본에서는 요즘 살롱 문화가 형성되고 있다고 한다. 앞서 언급한 경로당과 같은 곳이다. 실제로 10여 년 전 일본 고령 사회 전공 교수들이 한국의 경로당 문화를 견학하곤 했다. 벤치마킹을 했다고 해도 과언이 아니다. 한국형 살롱 문화가 형성되는 이유는 간단하다. 노인 건강에 매우 유익하기 때문이다. 특히 사회적 문제가 되고 있는 치매 예방에 좋다. 함께 어울리며 담소도 나누고, 날씨가 좋으면 한껏 꾸미고 나들이도 가고, 함께 식사하고, 정리하고, 텔레비전도 보면서 쉴 새 없이 생각하고, 몸을 움직인다. 이는 근력 유지에 큰 도움이 된다. 어디 그뿐일까? 아프면 함께 병원에 가고, 약도 챙겨주고, 서로 집안일도 돕고, 공동 텃밭도 가꾼다. 함께 어울리며 스스로 건강을 증진하는 것이다. 최근 개발된 기술들은 '무인(無人)'과 '비대면' 그리고 거동을 돕는 로봇으로 향해 가는데, 일본의 살롱 문화는 정반대로 가고 있다.

'노인 한 명이 죽으면, 도서관 하나가 사라지는 것이다.'라는 말이 있다. 그런 측면에서 본다면, 일본의 살롱은 엄청난 지적 자산이 곳곳에 분포해 있는 셈이다. 이와 반대로 한국은 도서관 대우는 커녕 맡아서 보살펴드려야 하는 귀찮은 존재 정도로 취급하고, 출생률을 높이겠다는 목표로 태어나지도 않은 아기를 위해 수조 원의 예산을 쏟아붓고 있다. 기술의 무인화와 노인의 무인화가 동시에 진행 중인 모양새다. 노인을 없는 사람 취급하니 말이다.

기술은 무인, 관계는 유인, 사회는 무인과 유인

결국 무인과 유인 기술이 함께 공존한다면 일본의 살롱 문화보다 멋진 한국형 소통과 공간을 위한 문화가 형성되지 않을까 생각한다. 복덕방과 경로당 대신 새로운 이름도 세련되게 지어봤다.

'커넥 톡(커넥팅+토크)' 그리고 '플랫 톡(플랫폼+토크)'이다. 중요한 것은 젊은 세대의 도움 없이 함께 어울리며 100세 시대를 대비할 수 있도록 무인 기술이 지원돼야 한다는 점이다. 쉽게 말해, 무인 기술이 유인의 가치를 증명해내야 한다.

최신 스마트폰을 사용하고 있으면서도 지갑 속에 별도의 전화번호 수첩을 넣고 다니시고, 명절마다 수신된 문자를 확인해 드려야 하며, 경쾌한 벨소리가 다양하게 구비돼 있지만, 그냥 멀리서도 잘 들리는 전화벨 소리만 사용하시는 어르신들에게는 무인 기술이 절실하다. 많이 걸어야 하고, 많이 움직여야 하고, 다양하게 생각할 수 있는 그런 한국형 무인 기술이 하루빨리 개발되고, 적용돼야 한다.

8

전력 산업이
음악 산업의 길을 간다

> 고사양, 고전력 소비에 주목하라 ▼

PC방 전지훈련

'국내 최고 연봉을 받는 스포츠 선수의 종목은 무엇일까?'

'그렇다면 국내 최고 연봉을 받는 스포츠 선수는 누구일까?'

대다수는 야구라 말하고, "이대호 선수가 가장 많은 연봉을 받을 것이다."라고 이야기한다. 아쉽지만 틀렸다. 최고 연봉을 받는 종목은 놀랍게도 e스포츠이고, 선수는 프로게임단 SK텔레콤 T1의 프로게이머 이상혁이다. 한국프로야구 롯데자이언츠 이대호 선수의 연봉은 25억 원인 반면, 이상혁 선수의 연봉은 45~50억 원 수준인 것으로 알려져 있다. 그야말로 국내 최고, 세계 최고 수준의 스포츠 선수다.

생각해보면 국내 최고 연봉의 스포츠 선수가 e 스포츠에서 배출됐다는 사실이 당연한지 모른다. 그도 그럴 것이 1,000원이면 1시간 동안 최고 사양의 컴퓨터와 모니터, 키보드, 의자, 헤드셋, 그리고 쾌적한 실내 환경에서 최고의 게임을 즐길 수 있기 때문이다. 어디 그뿐인가? 모니터로 주문 버튼만 누르면 정갈하게 세팅된 음식이 코스 요리에 버금갈 정도로 서비스된다. 그야말로 최고의 환경에서 최소한의 비용으로 훈련할 수 있는 것이다. 또한 유튜브와 트위치(게임에 특화된 동영상 방송 플랫폼 서비스)를 통한 최고 선수들의 다양한 전략·전술과 실시간으로 공유되는 관련 콘텐츠가 최고의 선수를 지향하는 이들에게 좋은 학습 콘텐츠가 돼준다.

이와 같은 환경은 한국을 방문하는 게임 마니아 관광객에게 새로운 관광 코스가 되기도 한다. 한국의 PC방을 찾는 관광객은 크게 다섯 번 놀란다고 한다. 일단 깔끔한 시설에 한 번 놀라고, 빠른 속도에 두 번 놀라고, 화려한 그래픽에 세 번 놀라고, 클릭 한 번에 맛집 버금가는 음식 주문에 네 번 놀라고, 저렴한 가격에 다섯 번 놀란다.

PC방에서 반나절 코스 관광을 즐겼다면, 남은 코스는 게임 전용 공연장을 찾는다고 한다. 실내 경기장에서 프로 농구단의 경기를 즐기듯이 프로 게임단의 게임하는 모습을 관중석에서 유료로 즐기는 것이다. 치맥과 함께 말이다. 세계 최강 축구 명문 '레알 마드리드'의 경기장 관광 코스가 있다면, 한국에는 세계 최강 e 스포츠 선수를 꾸준히 배출한 PC방이 있다.

모바일 배틀그라운드

"어디로 갈까? 늘 가던 '스쿨'로 갈까?"

"'스쿨' 가자. 익숙한 장소에서 해야 유리하지. 글구 거기가 파밍이 잘돼."

"오케이~ 8배율 먹었다."

"난 4배율 먹었다. 엠포 있어?"

"210 방향에 적 발견."

"도와줘, 도와줘, 빨리빨리… 소생시켜줘!"

"이겼닭~1등! 오늘 저녁은 치킨이닭!"

✖ 배틀그라운드

필자가 '모바일 배틀그라운드' 게임을 하며 친구와 나누는 대화 내용의 일부다. 동시에 100명의 게이머가 서바이벌 전투에 참가하고, 각자가 원하는 지역에서 각각의 무기를 획득해 서로를 겨냥하면서 마지막 한 명이 남을 때까지 치열하게 싸우는 게임이다. 특히 마지막 5명 안팎의 게이머가 남아 있을 때는 긴장감이 최고조에 이른다. 이동하는 발걸음 소리마저도 상대에게 발각되면 안 된다.

필자는 친구와 함께 '듀오' 모드로 전투에 참가할 때가 많다. 서로 멀리 떨어져 있지만, 이어폰으로 실시간 대화를 나눈다. 문제는 결정적인 순간에 친구가 사용하는 스마트폰이 끊기는 현상이 발생한다는 점이다. 일촉즉발의 전투 상황이라면 치명적인 문제가 된다. 문제의 원인은 스마트폰 사양에 있었다. 친구의 스마트폰은 2년 전에 출시된 아이폰 모델이었고, 매년 스마트폰을 바꾸는 필자는 최신 폰이었다. 끊김 현상을 최소화하기 위해 친구는 기본 화질로 설정한 후에 게임을 즐겼고, 필자는 HD급 화질로 게임을 즐겼다. 필자의 게임 환경이 훨씬 유리한데도 실력은 늘 한 수 아래인 걸 보면 행복은 성적순이 아니듯 게임 실력 또한 스마트폰 사양순이 아닌 듯하다.

사용자는 늘 더 화려한 그래픽과 더 빠른 반응 속도를 원한다. 이와 같은 요구에 매번 부합하기 위해 기술 개발이 필요하고, 그러다 보면 고사양의 PC, 고사양의 스마트폰이 만들어지는 것이다. PC의 경우 더 많은 전력이 필요하고, 스마트폰의 경우 더 낮은 전력 소비가 필요하다. 고사양일수록 전기를 많이 소비한다는 이야기다.

PC방 매출이 늘었다

최근 보도된 기사에 따르면 '배틀그라운드'의 PC방 점유율이 마의 20%를 넘어섰다고 한다. 줄곧 점유율 2위에 자리하고 있던 '오버워치' 게임을 밀어내고, 당당히 2위에 올라선 것이다. 오랫동안 PC방의 왕좌를 차지하고 있던 'LOL(리그 오브 레전드)'의 아성마저 위협하고 있다고 하니 그 인기가 '게임계의 BTS'라고 할 수 있다.

고사양의 게임 출시는 PC방 매출 상승의 일등공신이다. 가정에서 즐겼던 기존 PC로는 한계가 있다. 가정용 PC가 3,000cc급 그랜저 차량이라면, 배틀그라운드는 4,000cc급 제네시스 자동차 정도로 생각하면 된다. PC방은 새로운 게임 출시에 맞춰 수시로 사양을 업그레이드하기 때문에 수십만 원에 달하는 컴퓨터 부품 교체에 부담을 느낀 사용자들이 PC방을 찾는 것이다. 이는 매출 상승의 한 요인으로 작용하기도 한다.

고사양 고전력 소비

향후 출시될 게임들이 '배틀그라운드'보다 사양이 낮을 확률이 얼마나 될까? 여기에 눈높이가 맞춰진 사용자라면 늘 그 이상의 게임 콘텐츠를 원할 것이다. 다년간 4,000cc급 차량을 몰았던 운전자에게 3,000cc급 차량은 가볍고, 불편한 차량처럼 느껴지듯이 말이다. 몸집 큰 차량이 기름도 많이 먹듯이 고사양의 PC도 스마트폰도 마찬가지다.

출처: 빼틀그라운드 페이스북

✖ 고사양 PC 조립

필자는 고사양 고전력 소비를 필요로 하는 기기들이 혹은 사물들이 갈수록 많아지고 있다는 사실에 주목했다. 전기자동차는 8시간 이상 충전이 필요한 일반 충전보다 수십 배의 전력 소비를 요구하는 급속 충전에서 많은 에너지가 필요하고, 자율주행 기술의 발달로 바퀴 달린 모든 것들의 자율주행이 가능해진다면 시시때때로 충전이 필요해질 것이다. 드론, 전동 킥보드, 골프 전동 카트, 유모차, 서빙로봇, 요쿠르트 배송 카트, 물류 로봇, 폐지 줍는 리어카까지…. 그야말로 전기 충전이 있어야만 가능한 사물들의 천국이 만들어질 것이다. 전문 용어로 IoT(Internet of Things)와 BoT(Battery of Things) 시대가 가까워지고 있다.

이는 마치 기술 발전이 카세트테이프－CD－MP3－스트리밍

순으로 이뤄지면서 음악 산업의 파이가 커졌듯이 전력 산업의 파이
가 커져갈 가능성이 높아질 수 있다는 방증이기도 하다. LP판에 담
겼던 비틀즈의 음악을 말 한마디로 듣게 될 줄 누가 알았겠는가?
말 한마디 검색에서조차도 고사양의 부품과 전력이 소모된다는 사
실을 결코 잊어서는 안 된다.

요즘지식

⑨

쪼갰더니 새로운 시장이 생겼다

> 기술은 숫자로 기록되고 거래돼
> 데이터로 기억된다 ▼

공유 경제, 시장 경제

세계 최대 숙박 공유 기업 '에어비앤비'는 남는 방을 쪼개 팔았다. 세계 최대 차량 공유 기업 '우버'는 유휴 차량의 운행 시간을 쪼개 팔았다. 세계 최대 사무실 공유 기업 '위워크' 역시 사무 공간을 쪼개 팔았다. 분명 쪼개 팔았는데, 기술은 그들을 공유 경제로 포장했다. 대형 마트에서는 피자를 쪼개 팔고, 카페에서는 케이크를 쪼개 판다. 그곳에선 '조각 피자', '조각 케이크'로 불리고 테이크아웃을 위해 포장된다. 세계 최초 암호화폐 '비트코인' 역시 쪼개서 거래된다. 비트코인 1개에 2,000만 원이 넘는데, 거래는 5만 원 혹은

10만 원어치를 살 수 있다. 비트코인 1개의 주인이 수십 명에서 수백 명에 달한다. 그뿐만 아니라 주식 역시 쪼개 팔기가 시작됐다. 수백만 원을 호가하는 우량주를 쪼개 거래하는 것이다.

✻ 에어비앤비, 우버, 위워크(출처: 에어비앤비, 우버, 위워크 웹 사이트)

앞서 언급한 모든 것들이 묘하게 닮아 있다. 그런데 피자와 케이크는 공유가 아닌 조각으로 포장됐고, 비트코인과 주식은 소수점 거래로 포장된다. 미국 최대 대형 마트 '월마트'에 가면 아마존의 주식을 50달러 상품권 방식으로 판매하고 있다. 아마존은 월마트에게 가장 위협이 되는 기업인데, 매장에서는 아마존의 주식을 판매하는 모순을 보이는 것이다. 문득 궁금해진다. 분명 쪼개 파는 방식은 비슷한데, 무엇이 공유 경제를 만들었고, 시장 경제를 만들었을까?

반찬 공유

언제부턴가 식탁 위에 반찬의 가짓수가 많아졌다. 시중에서 구매한 익숙한 반찬의 맛과 형상이 아니다. 분명 누군가의 손맛이 가미된 반찬들이다. 낯익은 반찬은 딱 하나, 버섯볶음이다. 와이프에게 물어보니 멋진 대답이 돌아온다. 지역 주민들과 일주일에 한 번 만나 '반찬 공유'를 한단다. 그것도 처음 만나는 이들과 온라인 카페에서 만나 4~6명이 모여 가장 자신 있는 반찬 한 가지씩을 만들어 나눠 갖는다고 한다. 단체 채팅을 통해 메뉴가 겹치지 않도록 하고, 일정과 참여자 수를 고려해 공유할 반찬의 양과 밀폐 용기의 크기를 조절한다고 한다. 그렇게 일주일에 한 번 카페에서 만나 각자의 반찬을 나눠 갖고, 커피 한 잔의 여유와 대화를 주고받으며 친목까지 다진다. 특히 어린이집과 유치원에 다니는 자녀를 둔 엄마들의 자극적이지 않으면서 영양 만점의 맛있는 반찬들을 공유할 수 있다는 점이 가장 큰 장점이라고 한다. 놀랍게도 반찬 공유가 시작되고 나서부터 외식 횟수가 줄었다.

필자는 공유 경제와 시장 경제의 차이를 '반찬 공유' 사례에서 찾을 수 있었다. 소비자들 간의 거래가 스스로 만들어지고, 거래가 만들어지는 과정에서 사전에 충분한 정보가 공유되고, 거래 이후에도 충분한 피드백이 오간다는 점이다. 그렇게 맛있게 먹었던 반찬의 레시피가 공유되고, 입소문을 통해 참여자가 늘어나면서 반찬에서 파생된 다양한 정보가 공유된다. 여기서 기술은 보다 빠르게 정보가 공유될 수 있게 하고, 수치화해 투명하게 공개될 수 있도록 하는 역할을 했다. 쪼개 파는 경제학은 기술이 가미된 플랫폼과 스스로 움직이게 하는 환경에서 비롯됐다고 볼 수 있다.

소수점 거래

비트코인과 주식의 소수점 거래는 최근에 등장한 거래 방식이다. 특히 주식은 비트코인의 소수점 거래 방식을 모방해 등장했다. 소수점 거래의 탄생은 한정된 양에서 비롯된 수요와 공급의 불균형에서 비롯됐다고 볼 수 있다. 공급보다 월등히 많은 수요를 충당하기 위해 기술의 마법이 사용된 것이다. 이 둘은 실체가 없다. 거의 모바일과 PC 상에서 거래되는 숫자와 기술의 조합으로 이뤄져 있다. 그렇기 때문에 '반찬 공유'처럼 대면 거래가 필요하지 않고, 거래 과정에서 발생하는 사전 정보와 피드백 등의 커뮤니케이션도 필요 없다.

필자는 요즘 들어 '공유 경제'만큼이나 '소수점 거래'에 관심이 많다. 숫자로 구성된 모든 분야에 적용될 가능성이 높기 때문이다. 처음부터 숫자로 기록됐다면, 이미 엑셀 프로그램으로 통계를 낼 수 있기 때문에 굳이 인공지능 기술까지 활용할 필요가 없다. 하지만 숫자가 아닌 다른 뭔가에서 수치로 표현할 수 있는 기술이 도입되면 이야기가 달라진다. 그 대표적인 예가 지구 온난화와 미세먼지다. 지구가 점점 더워지고 있다는 점에 대해서는 세계가 공감한다. 그 원인을 찾는 과정에서 이산화탄소, 메탄가스와 같은 화학 물질을 발견하게 됐고, 이에 대한 기준을 마련하는 과정에서 수치와 통계를 활용했던 것이다. 다시 말해, 눈에 보이지 않는 화학 물질의 양이 기술에 의해 포장돼 숫자로 표기된 것이다. 미세먼지 역시 마찬가지다. 스마트폰이 보급되기 전까지만 해도 그리 민감하게 반응하지 않았다. 그런데 미세먼지 수치를 매 순간 숫자로 확인할 수 있게 되면서 공기 청정기나 마스크, 건조기, 스타일러 등과 같은 새로운 인기 가전 제품군이 생겨났다. 일단 우리는 숫자로 기록되는 모든 것은 비트코인과 주식처럼 '소수점 거래'가 가능하다는 인식을 먼저 가져야 할 필요가 있다. 마음에 와닿지 않는다면, 비트코인이든 주식이든 적은 비용으로 직접 경험해봤으면 한다.

눈에 보이는 시장 경제는 눈에 보이지 않는 시장 논리에 의해 움직일 수 있다는 사실을 알아야 하고, 그와 같은 시장 논리는 소비자들 간의 직접 거래와 맞물려 시장의 가치가 무한대로 커질 수 있다는 점도 알아야 한다. 결국, 기술은 숫자로 기록되고, 거래돼 데이터로 기억된다. 미래 기업의 가치는 그렇게 결정된다는 사실을 잊지 말았으면 한다.

⑩
무직은 없다.
평생 학생이다

학생과 무직

직업란에 '학생'이라 적는다. 학교에 재학 중인 모든 학생은 그렇게 적는다. 재밌는 건, 미성년은 '학생', 대학교에 재학 중인 학생은 '대학생'이라고 적는다. 반면, 은퇴 후 직업이 없는 사람들은 '무직'이라 적는다. 직업을 묻는 칸에 직업이 없으니 '무직'이라 적는 것이다. 사실, 필자는 학생과 무직의 기준을 어디에 둬야 하는지 늘 고민하고, 고민한다. 학생과 무직의 차이는 무엇일까?

'학생'에 무게를 둔다면 배우는 자와 배우지 않는 자로 구분할 수 있고, '무직'에 무게를 둔다면 일하는 자와 일하지 않는 자로 구분할 수 있다. 단어 그대로의 의미를 찾자면 그렇다는 것이다. 실질적인 혜택에 무게를 둔다면 차이는 확실해진다. 일단 학생들에게는 각종 할인 혜택이 다양하게 적용된다. 스마트폰 음성 통화, 문자, 데이터 등 기본 무료 제공과 이동통신사 포인트 사용 혜택, 그리고 버스, 지하철, 커피, 화장품, 영화, 연극, 뮤지컬, 놀이공원, 여행, 도서, 윈도·오피스·한글 프로그램, 각종 쇼핑 할인 심지어 죄를 지어도 할인 혜택이 주어진다. 반면 무직자에게는 아무런 혜택이 없다.

사람들은 배움이 있는 자에게 미래의 가치를 크게 부여하는 경향이 있다. 거기에 살아온 날보다 앞으로 살아갈 날이 더 많다는 부분도 크게 작용한다. 오랜 시간이 지나도 결코 변하지 않는 불변의 법칙에 가깝다. 그런데 아이러니하게도 학생들의 사회 진입은 대학 4년간의 전공에 크게 좌우된다. 더 아이러니한 건, 그 전공을 살려 취업하는 학생은 그리 많지 않다는 사실이다. 그렇다면 무직자들의 미래 가치가 작거나 거의 없다고 치부되는 이유는 무엇일까?

의외로 간단하다. 배움의 의지에서 찾아볼 수 있다. 무직자들의 평균 은퇴 시기는 55~65세 사이라고 한다. 그들의 평균 사회 경험은 30년이 넘는다. 그 30년의 경험이 은퇴 후에는 배움과 같다고 생각하는 것이다. 다시 말해, 새로운 배움의 필요성을 느끼지 못하는 경우가 대다수다. 콜레스테롤이 혈관에 오랫동안 쌓이면 동맥경화가 되듯이 오랫동안 배움의 의지가 막히면 세대 차이가 시작되고, 심각해지면 꼰대 증상이 발병한다. 농담처럼 들렸을지 모르지만, 세대 차이와 꼰대 증상의 심각성은 결코 가볍게 여겨서는 안 된다. 앞서 언급한 콜레스테롤처럼 부부와 가족 간의 대화 단절을 불러올 수 있고, 대화 단절이 지속되면 오해와 의심을 불러일으켜 심하면 가정 파괴를 일으킬 수도 있다. 너무 극단적인 판단이라 생각될 수 있지만, 오랜 통계 자료에서 이 근거를 어렵지 않게 찾아볼 수 있다.

배우는 모든 자는 '학생'이다

그렇다. 배움은 계속돼야 한다. 초 · 중 · 고, 대학교까지 합쳐 16년의 배움으로 평생을 보장받는 시대는 지났다. 지난 16년의 배움은 구글과 네이버, 유튜브에 교과서보다 쉽고, 간결하게 정리돼 있다. 더욱이 매일매일 순간순간 새로운 기사와 다양한 콘텐츠가 쉴 새 없이 쏟아지고, 이를 공유하고, 댓글을 달고, 대화 소재로 삼아 이야기를 나누다 보면, 또 다른 기사와 콘텐츠가 만들어져 있다. 배움의 시간은 줄고, 맛있는 기사와 콘텐츠만 골라 먹는 편식 습관이 생기고, 그나마도 일회성으로 소비하는 이들이 대다수다.

무료로 제공되는 대부분의 기사와 콘텐츠에 깊이 있는 내용은 그리 많지 않다. 반면, 유료로 제공되는 대부분의 기사와 콘텐츠는 다양한 분야에 종사하는 전문가들의 생각이 담겨 있는 내용이 많다. 수십, 수백만 원씩 하는 비용 결제가 필요한 게 아니다. 하루 커피 한 잔 값이면 지난 한 주간, 가장 이슈가 됐던 사건, 사고, 기술, 기업 및 인물 등에 관련된 심도 있는 지식을 얻을 수 있다. 배움에 대한 마음은 있지만, 어떻게 시작해야 할지 모른다면 유료 지식에 아낌없이 투자해야 한다.

꼭 학교에 소속돼 있어야만 '학생'이 되는 것은 아니다. 배움이 있는 모든 사람은 '학생'이다. 적어도 그렇게 주장할 수는 있어야 한다는 이야기다. 직업란에 뭔가를 채워야 한다면, '무직' 대신 '학생'으로 채우는 것은 어떨까? 일반적인 직업의 표기가 필요하다면, 괄호 열고 배움의 유무를 함께 표기하는 것은 어떨까? 그런 논리라면 평생 학생이 될 수 있다.

스마트폰으로 기사와 콘텐츠를 소비하는 일련의 행동이 지식의 습득과 일치하는 것은 아니라는 사실을 잊지 말아야 한다. 4차 산업 혁명 시대에 거주한다면 그래야 한다.

연체료

지은이 밀린
신문

비디오 빌리려다 연체료에 상처 가득
DVD 빌리려다 다시 연체료에 짜증 가득

에라 모르겠다
연체료 없이 맘껏 봐라 단 3개까지만
빌려보고 반납하고 빌려보고 반납해라
매달 조금씩만 받겠다

귀찮거든 귀찮거든 온라인으로 신청해라
우편으로 배송 간다 우편으로 반납 간다

똑똑한 TV 있거든 집에서 봐라
똑똑한 폰 있거든 어디서든 봐라
똑똑한 기기 있거든 맘껏 봐라
다운로드 없이 바로 본다 선명하게 본다

날 샌다 날 샌다
첫 회부터 마지막까지 몰아 보다 날 샌다

제시한 내용과 가장 관련 있는 <u>인물</u>은?

리드 헤이스팅스

A

마윈

B

제시한 내용과 가장 관련 있는 <u>브랜드</u>는?

NETFLIX

A

B

마지막 단락에서 의미하는 <u>용어</u>는?

코드커팅
Cord-Cutting

A

빈지워치
Binge watch

B

───── **해설 혹은 힌트** ─────

세계 최대 유료 동영상 스트리밍 서비스 기업 넷플릭스는 연체료 40달러 때문에 탄생했다. 창업자 리드 헤이스팅스는 비디오 대여점에서 영화 '아폴로 13'을 빌려본 후 제시간에 반납하지 않았다는 이유로 대여료보다 큰 비용의 연체료를 내야 했다. 불합리하다고 생각한 그는 연체료 없는 비즈니스 모델을 생각하게 된다.

스탠퍼드 대학에서 컴퓨터 과학을 전공하고 관련 업계에서 경험을 쌓은 후 소프트웨어 개발자를 위한 도구(툴)를 개발하는 '퓨어 소프트웨어'라는 회사까지 설립한 경험이 있는 리드 헤이스팅스는 1997년 동료와 함께 인터넷 영화 주문 서비스 기업 '넷플릭스'를 설립하게 된다. 초기 사업 형태는 오프라인 비디오 대여점의 주문 · 접수 기능만 인터넷으로 옮겨놓은 수준에 불과했다. 애초 목표는 주문 · 결제 · 시청까지 모두 인터넷에서 서비스하기 위함이었지만, 당시 인터넷 환경이 여의치 않았다. 그렇기 때문에 넷플릭스 웹 사이트에서 원하는 영화를 주문하면 해당 비디오테이프를 우편으로 배달하고, 다시 우편으로 반납하는 방식으로 나름 차별화된 서비스를 시도했다. PC 버전의 O2O 서비스인 셈이다.

라이벌 등장

당시 미국 최대 오프라인 비디오 대여점은 전 세계 25개국 9,000개 이상 체인을 운영하던 '블록버스터'였다. 규모 면에서 보면 상대도 되지 않았지만, 넷플릭스는 그들만의 확실한 경쟁력을 보여주기 시작했다. 설립 후 2년이 지난 1999년, 월정액 요금 상품을 출시한다. 매달 5달러를 내고 넷플릭스 회원으로 가입하면, 한 번에 하나씩 원하는 비디오테이프를 빌릴 수 있었고, 이를 반납하면 다시 새로운 비디오테이프를 빌려볼 수 있는 상품이었다. 기존 방식이라면 2~3번 대여할 수 있는 요금으로 한 달 내내 원하는 만큼 무제한 대여할 수 있었던 월정액 요금 상품은 순식간에 입소문을 타고 퍼져나가기 시작했다. 고객에서 매달 정해진 요금을 내는 '구독자'로 비즈니스 대상이 바뀌게 된 것이다. 그렇게 가장 인기 있는 비디오테이프의 회전율이 높아지고, 고객 충성도 역시 높아지면서 점차 새로운 가입자 수도 늘어가기 시작했다.

이후 투박한 비디오테이프에 담겼던 영화는 얇고, 가볍고, 화질 좋은 DVD로 바뀌었고, 이를 찾는 사용자도 많아지면서 넷플릭스의 우편 배송 서비스에도 변화가 일기 시작했다. 한 번에 3개까지 대여가 가능해졌고, 월정액 요금도 오르고, 대여 가능한 DVD 수도 많아졌다. '블록버스터'와 같은 상품을 취급했지만, 다른 방식의 요금 상품을 도입하면서 넷플릭스는 '블록버스터'의 라이벌로 떠오르게 된다.

오리지널 콘텐츠

대형마트에서 자체 브랜드로 만든 PB 상품이 있다면, 넷플릭스가 자체 제작한 콘텐츠를 '오리지널 콘텐츠'라고 부른다. 13부작으로 제작된 '하우스 오브 카드'는 넷플릭스만의 스타일을 고스란히 보여주는 대표적인 콘텐츠라 할 수 있다. 매주 혹은 매일 1~2회씩 방영해주던 기존 방식을 벗어나 한 번에 모두 공개해 첫 회부터 마지막 회까지 몰아볼 수 있도록 서비스*한 것이다.

어쩌면 오리지널 콘텐츠 개발에 대한 요구는 당연했는지 모른다. 디즈니와 같이 인기 있는 라이선스 콘텐츠의 경우, 초창기에는 적은 비용으로 계약할 수 있었지만, 넷플릭스의 규모가 커지면서 디즈니의 계약 조건도 까다로워졌기 때문이다. 결국 오리지널 콘텐츠를 보유한다는 것은 장차 라이선스 콘텐츠를 가진 기업들로부터 자유롭게 사업을 이어갈 수 있음을 의미하는 것이기도 하다.

유료 동영상 스트리밍 서비스와 오리지널 콘텐츠의 가치를 실감한 아마존, 유튜브, 디즈니, 페이스북, 기타 많은 기업이 이 분야에 뛰어들면서 경쟁 속도는 더욱 가속화되고 있다. 그럼에도 불구하고 리드 헤이스팅스는 스타벅스가 목표라고 말한다. 다른 경쟁자들이 수익성에 목표를 둘 때, 브랜드 가치 상승에 더 큰 비중을 두겠다는 뜻으로 비쳐진다.

넷플릭스의 궁극적인 목표는 전 세계 모든 국가에서 동시에 동일한 콘텐츠가 제공되는 것이라 말한다. 언어의 장벽, 결제 수단, 다양한 기기 호환성, 데이터 전송 속도·사용 요금, 지속적인 오리지널 콘텐츠 개발 등 어려움은 있지만 계속 넷플릭스 스타일로 이어가겠다는 포부를 밝혔다.

---

* 빈지워치(Binge-Watch): 텔레비전 프로그램, 드라마 시리즈 등을 한꺼번에 몰아보는 행위

요즘
지식

눈으로 보고 귀로 듣고 입으로 말하는 세상은 없다.
손으로 보고 손으로 듣고 손으로 말하는 세상이 온다.
아케이드식 접근이 그 대안이 될 것이다.

PART 5

아케이드식 대안을 제시하다

요즘지식

Q스펙

검색 스킬보다 질문 스킬을 키워야 한다 ▼

토끼와 거북이

'우사인 볼트! 한판 붙자! 토끼보다 빠른 거북이!'

'토끼와 거북이의 달리기 경주에서 모두의 예상을 뒤엎고 거북이가 승리하다.'

'동물 육상 선수권 대회'에서 최강 토끼를 누르고 우승한 거북이라면 이와 같은 기사의 카피가 가능하지 않을까? 모두가 예상하지 못한 결과가 나타나면, 놀라움과 동시에 궁금증이 생긴다. 그 궁금증은 다음과 같은 질문으로 이어진다.

"지금 기분이 어떻습니까?"

"우승할 거라 예상하셨습니까?"

"경기 초반 토끼가 한참 앞서갔는데, 포기할 생각은 없었습니까?"

"평소 훈련은 어떻게 했습니까?"

"훈련하면서 언제가 가장 힘들었습니까?"

"여자 친구는 있습니까?"

"지금 가장 하고 싶은 건 뭡니까?"

"가장 힘이 된 동물은 누굽니까?"

자꾸만 묻고 싶어진다. 자꾸만 궁금해지고, 자꾸만 듣고 싶고, 자꾸만 바라보게 된다. 관심의 표현이 질문으로 나타나는 것이다. 이와 반대로 관심이 없다면 어떨까? 질문도 없고, 듣고 싶지도 않고, 바라보고 싶지도 않을 것이다. 만약 토끼의 우승으로 마무리됐다면, 거북이처럼 질문을 받았을까? 경기 결과에 따라 관심의 정도가 달라지지 않을까 하는 생각을 해본다.

관심과 인기 그리고…

'관심'의 다른 표현은 '인기'다. 과거 그 인기의 척도는 '100문 100답'이었다. 관심을 주는 쪽은 계속 질문을 하고, 관심을 받는 쪽은 계속 대답을 한다. 20년이 지나 서태지와 아이들의 100문 100답이 실린 연예 잡지의 기사를 보니 열 손가락이 오므라든다. 아마도 은퇴와 동시에 서태지와 아이들에 관련된 모든 정보가 정지되고, 불변의 역사처럼 기록되면서 익숙한 소식이 추억으로 바뀌어 그런 것은 아닐까 생각해보게 된다.

보통 질문을 많이 받는 부류의 사람들은 많은 지식을 가졌거나 뛰어난 매력을 가졌거나 특별한 재능을 가졌거나 돈이 많거나 하는 부류들이다. 특징은 평균 이상의 삶을 살아가고 있다는 점이다. 이번 장에서 필자가 주장하고 싶은 대안이 바로 '질문', 일명 'Q스펙'이다.

✱ Q스펙

한국 사람들의 아쉬운 점 하나가 바로 '질문'이다. 관심은 있는데, 질문은 구체적으로 하지 않는다는 이야기다. 자녀 교육, 주식, 부동산 투자에 관심은 많은데 그 관심이 검색으로 쏠리고, 검색 결과에 따라 비판보다 비난이 앞선다. 취업을 희망하는 청년들은 질문보다 답변에 더 많은 비중을 두고 준비한다. 과거 면접관의 질문, 합격한 선배의 답변과 같은 기출 질문과 답변 검색에만 열을 올린다. 그들의 공통된 특징 중 하나는 면접관은 '갑', 면접생은 스스로를 '을'이라 지칭하고 면접에 응한다는 사실이다. 만약, 해당 면접관이

'BTS(방탄소년단)', '블랙핑크(인기 아이돌 걸그룹)'라면 어떨까? 질문이 많을까? 답변이 많을까?

'BTS'의 성공 요인 중 하나가 바로 100가지 예상 질문에 대한 1,000가지 실시간 소통형 비디오식 답변이다. 쉽게 말해 팬들의 관심을 질문으로 정의하고, 궁금해하는 모든 것, 궁금해하지 않는 것까지 글이 아닌 영상으로 보여줬다는 것이다. 언어의 한계를 영상과 음악으로 넘어섰다고 볼 수 있다. 그러기 위해서는 확실한 전제조건이 필요하다. 자신의 매력이 뭔지, 재능이 뭔지를 구체적으로 정의해야 한다. 그러고 나서 자신에게 관심을 갖고, 질문을 던져야 한다. 혹은 자신이 관심 있는 사람 혹은 분야에 질문을 던지고 이를 본인에게 대입해야 한다.

4차 산업혁명에서 강조되는 핵심 플랫폼은 '소통'이다. 최근 '소통'의 방식이 실시간으로 이어지고 있다. 이는 곧, '관심'에서 '인기' 그리고 '부탁과 요구'로 이어지고 있다는 사실에 집중해야 한다.

인공지능은 질문보다 답변을 잘한다

필자가 이처럼 '질문'에 집중, 아니 집착하는 이유가 바로 인공지능 때문이다. 패션 디자이너를 예로 들어보자. 트렌드에 민감한 그들에게 인공지능은 사람보다 트렌드를 빨리 파악할 수 있어 디자인에 필요한 시간과 에너지를 효과적으로 단축할 수 있게 해준다.

구두, 치마, 원피스, 청바지, 티셔츠 등 1년 전 소비자의 반응과 과거 가장 인기 있었던 디자인 등을 구체적인 통계와 함께 대답해주기 때문이다. 반복적이고, 번거로운 작업은 인공지능에게 맡기고, 디자이너는 이를 바탕으로 창의적인 디자인 작업에만 몰입할 수 있게 되는 것이다. 따라서 어떻게 질문하느냐에 따라 인공지능의 결과물이 다르게 나타날 수 있다는 사실을 염두에 둬야 한다.

　PC나 스마트폰을 통해 검색하면 그 차이가 크지 않다. 보통 키워드를 입력하게 되는데, 그렇게 되면 연관 검색어가 나타나고 한정된 연관 검색어에 따라 결정될 가능성이 크기 때문이다. 문제는 인공지능 스피커 사용의 가파른 증가가 가져올 변화다. 키워드 검색이 아닌 음성 인식으로 결과물이 도출되기 때문에 정확한 문장의 질문이 완성돼야 원하는 정보를 얻을 수 있다. 사람에게 질문하고 듣는 답변보다 검색 결과를 더 신뢰하고 있다면 지금부터라도 검색 스킬보다 질문 스킬을 키워야 한다.

　치열한 경쟁 사회에서 이와 같은 스킬은 스펙으로 간주된다. 같은 질문을 사람에게 하고, 검색 창에 입력해보고, 인공지능 스피커에게 음성으로 명령해보자. 서로 다른 결과를 얻었다면 당신의 'Q스펙' 지수가 0.1% 상승됐다는 것을 의미한다. 인공지능 시대에 요구되는 스킬이 'Q스펙'이라는 사실에 동감한다면, 지금 당장 '시리', '빅스비'를 불러 'Q스펙'을 검색해보자. 지금까지 읽었던 내용들이 e-book으로 검색됐다면, 당신의 'Q스펙'은 0.1% 더 상승된다.

2

반 고흐가
내 아이를 그렸다

인공지능이 학습한 내용을 학습하라 ▼

'반 고흐'가 그린 레이디버그

아침 7시면 일어나 애니메이션 '레이디버그'를 시청한다. 2회분 정도 시청하고 나면 어김없이 '레이디버그' 색칠 책을 펼친다. 50가지 색연필 박스를 열어 '레이디버그'에 등장하는 각각의 캐릭터에 맞춰 노래를 흥얼거리며 색을 칠한다. 유치원 여름방학을 맞은 딸(5세)의 하루는 그렇게 시작한다. 작품성은 없다. 예술성도 없다. 상품성도 없다. 당연하다. 그렇지만 애니메이션 시청 후 곧바로 색을 칠하면 성취감은 최고조다. 그렇게 1시간 가까이 색칠 책에 집중한다.

아이가 성장하면서 좋아하는 애니메이션 캐릭터는 그때그때 변한다. 2~3세쯤 되면 '뽀로로', '타요', '콩순이'였다가 3~4세쯤 되면 '겨울왕국', '캐리와 장난감 친구들', '꼬마의사 맥스터핀스', 5세가 되니 '레이디버그'에 푹 빠졌다.

색칠이 끝나면 곧바로 아이폰 앨범에 담긴 이미지를 보여준다. 필자가 사전에 준비한 아이의 사진과 '레이디버그' 캐릭터를 '빈센트 반 고흐'의 화풍으로 그린 이미지다. 그림을 그리는 인공지능으로 불리는 '구글 딥드림'을 활용해 그린 것이다. 그렇게 되면, 같은 캐릭터를 갖고 애니메이션도 보고, 직접 색칠도 하고, 유명한 화가의 작품으로 만들어진 다양한 스타일의 '레이디버그'를 학습하게 되는 것이다. 관심을 보이면, 직접 '딥드림'으로 그릴 수 있게 한다.

✖ 구글 딥드림이 그린 레이디버그

'딥드림'은 '빈센트 반 고흐'의 작품을 기존에 학습한 회화 데이터베이스를 기반으로 모사하는 훈련을 받았다. 그렇기 때문에 그린다는 표현보다 변환한다는 표현이 더 정확한지 모른다. 실제로 '딥드림'이 그린 29점의 작품은 샌프란시스코 미술 경매에서 약 1억

1,000만 원에 가까운 가격으로 판매됐다. 가장 비싸게 팔린 작품은 약 920만 원에 팔리기도 했다. 미술 경매에서는 작품일지 모르지만, 필자와 딸아이에게는 학습 교재로 쓰인다.

구글이 '빈센트 반 고흐'의 작품을 모사했다면, 마이크로소프트는 '빛의 마술사 렘브란트'의 작품을 모사했다. 네덜란드 연구진과 진행한 '넥스트 렘브란트' 프로젝트는 작품 346점을 기계에 딥러닝 기법으로 학습시켰다. 학습을 마친 인공지능에게 인물을 특정하고, 이를 렘브란트 화풍으로 그리도록 명령했다. 이후 3D 프린터로 인쇄된 이 그림은 유화의 질감과 물감의 두께까지 그대로 재현해냈다. 만약, 아이를 특정한다면 그야말로 렘브란트가 내 아이를 그리는 작품이 되는 것이다.

✖ 마이크로소프트 '넥스트 렘브란트'

출처: 넥스트 렘브란트

창의력은 다양한 시도와 연결이다

　요즘 미술학원에서는 다양한 소재와 도구를 활용한 기발한 교육과정이 운영된다. 스케치북과 크레파스, 색연필과 색종이 그리고 찰흙이 전부였던 필자의 국민학교 시절과는 많이 달라졌다. 롤 화장지 심지에 색종이를 잘라 붙여 잠자리를 만들던 방식은 정육면체 전자시계에 스티로폼을 이어 붙여 '헬로키티' 전자시계 인형 만들기로 바뀌었고, 찰흙 대신 손에 묻지 않는 모래와 도우를 이용해 주방 놀이에서 동물, 곤충 만들기까지 창의력을 위한 다양한 시도가 진행되고 있다. 필자가 인공지능 화가를 활용하는 이유도 창의력은 다양한 시도를 통해 연결되면서 만들어진다고 믿기 때문이다. 아이폰이 다양한 기술과 아이디어로 연결됐지만 이노베이션으로 대중에게 비쳐졌듯이 말이다.

데이터 기초 수급 대상자

　인공지능이 '반 고흐'와 '렘브란트'의 화풍을 학습했듯이 필자의 딸아이가 구글과 마이크로소프트의 기능을 그런 식으로 학습했으면 한다. 그렇게라도 하지 않으면, 아이폰은 딸아이에게 유튜브와 게임, 통화를 위한 전용 기기로만 전락할지 모르기 때문이다. 인공지능은 세상 모든 정형 데이터와 비정형 데이터를 학습할 것이다.

칫솔·치약, 숟가락·젓가락, 동물·곤충, 인간의 얼굴 그리고 인간의 웃음과 함성까지 말이다.

인간계 최강 바둑 이세돌을 제친 '알파고'는 바둑을 두는 와중에도 인간계 바둑 최강자의 전략을 학습했고, 인간은 그 둘의 경기를 관람하며 '알파고'의 작동 원리에만 관심을 가졌다. '알파고'의 원리를 학습했다고 볼 수 있겠지만, 결과적으로는 관심에 가깝다. 세상에 퍼진 거의 모든 정형 데이터는 학습됐다. 인공지능이 학습한 내용을 인간이 재학습하지 않으면 작품은 완성하지만 성취감은 없을 것이고, 성취감이 사라지면 창의력은 감소할 것이다. 창의력을 상실한 인간은 학습할 데이터가 없다는 이야기와 같다. 이는 곧 사람과 로봇, 인공지능이 공존하는 미래 사회에 비적응자로 분류돼 정부가 제공하는 '데이터 기초 수급 대상자'로 지정되는 불명예를 안게 될지 모른다.

3

아케이드식
인공지능이 필요하다

> 창의력보다 성취감이 먼저다 ▼

아케이드식 인공지능

과거 오락실에서 '스트리트 파이터', '철권', '축구'와 같은 대전 게임기에 동전을 넣으면 두 가지의 선택권이 주어졌다. 다른 플레이어와 대전할 것인지, 컴퓨터와 대전할 것인지를 선택하는 것이다. 컴퓨터와의 대전이 시작되면 첫 상대는 늘 움직임이 느리고, 실수가 잦다. 레벨이 올라갈수록 컴퓨터의 움직임은 더욱더 빨라지고, 오히려 사용자의 실수가 잦아진다. 아쉽게 패한 사용자는 다시 동전을 넣어 대전을 이어간다. 흔히 말하는 '끝판왕'은 그런 컴퓨터를 상대로 모두 승리했을 때를 말한다.

Street Fighter II: The World Warrior (1991)

✖ 스트리트 파이터 아케이드 게임

언제부턴가 아케이드 게임 속에 컴퓨터가 사라지고, 인공지능이 나타났다. 바둑에는 '알파고'라는 이름이라도 있었지만, 아케이드 게임 속 인공지능에 이름 따윈 존재하지 않았다. '알파고'와 아케이드 인공지능의 공통점이 있다면, 둘 중 하나는 승리하거나 패한다는 사실이다. 대전하는 횟수가 많을수록 유리해지는 것이다. 알파고의 경우, 2~3일 만에 수십, 수백만 번의 바둑 대전을 통해 스스로 학습한다. 무조건 이기기 위한 좋은 수를 스스로 찾는다고 볼 수 있다. 반면, 아케이드 인공지능은 스스로 학습하지 않는다. 설계된 프로그램대로 인간 플레이어(사용자)와 대전한다.

여기에 인공지능의 함정이 숨어 있다. 스스로 학습을 표방하는 '빨간펜' 학습지가 아닌 '딥러닝' 기술로 바둑을 학습해 인간의 수를 넘어서는 실력을 선보인다. 세계 최강 바둑 강자들을 차례로 쓰러뜨리면서 인간에게 좌절감을 안겼지만, 사람들은 '빨간펜'보다 우수한 스스로 학습법 '딥러닝' 기술에만 관심이 쏠렸다. 그때부터 코딩

붐이 일기 시작했다.

　오히려 사용자는 아케이드 인공지능을 상대로 대전을 펼치며 이기기 위한 자신만의 좋은 수를 찾는다. 그렇게 지속적으로 동전을 넣고, 여러 번의 대전을 통해 특징을 파악하며 승수를 쌓고, 포인트도 쌓고, 스킬도 쌓아가며 상위권에 랭크된다. 사실, 둘 다 인공지능으로 포장돼 있지만, 아케이드식 인공지능의 최종 목표는 사용자가 승리를 통해 성취감을 만끽하게 하고 그렇게 동전 투입을 유도하는 것이다. 결국, 인공지능 마케팅을 하고 있는 것이다.

엑셀 수준의 인공지능

　현실은 다르다. 스스로 학습한다는 개념에서 바둑의 '알파고'가 위대하게 느껴질 수도 있겠지만, 승리와 패배라는 규칙이 정해지지 않는 현실 세계에서는 아케이드식 인공지능이 더 어울릴지 모른다. 생활 속 성취감을 통한 자기 개발을 말하는 것이다. 실제로 아이들의 자존감을 높여주는 방법으로 생활 속에서 작은 성취감을 만끽하도록 유도하기도 한다. 필자의 경우, 딸에게 무조건적인 칭찬보다 스스로 판단하고 행동했을 때 행위 자체에 대해 칭찬하면 아이의 성취감이 높아졌다. 버건디 색상의 긴팔티와 꽃무늬 바지에 초록색 양말로 코디한 딸의 모습에 누가 봐도 몹쓸 코디지만, 한참을 고민하고 이옷저옷 입어가며 고민한 흔적이 묻어나는 딸의 코디법에

칭찬을 더했을 때, 딸아이는 더 이상 엄마, 아빠의 도움을 원치 않았다. 옷 입히는 스트레스는 덜고, 아이의 자존감은 높아졌다. 창피함은 잠깐이다.

지금의 인공지능은 성취감을 안겨주지 않는다. 편리한 생활 환경을 만들어줄 것이라는 기대와 일자리를 빼앗는 위협의 대상 정도로 인식돼 있다. 금융, 물류, 교통, 음식, 교육, 쇼핑 등과 같은 모든 분야에 인공지능이 분포해 있지만, 아직은 기대에 미치지 못한다. 그도 그럴 것이 지금의 인공지능은 제공된 데이터만큼만 똑똑해지기 때문이다. 다시 말해, 수집한 데이터를 빠르게 분석하고, 학습할 수는 있지만 이를 통해 결정하지는 못한다. 인공지능보다 엑셀에 가깝다고 볼 수 있다. 현재 기술 진화 수준만 놓고 보면 그렇다는 것이다.

수많은 전문가가 인공지능 시대, 인간 고유의 창의력에 집중하라고 말한다. 필자는 거기에 성취감이 우선했으면 한다. 인공지능의 기억력과 빠른 분석 능력은 인정하자. 결국 최종 판단은 인간이 해야 하고, 그에 따른 책임도 져야 한다. 그렇다. 인공지능은 책임에서 자유롭다는 점에서 인간과 차이를 보인다. 그렇기 때문에 창의력보다 성취감이 우선시돼야 한다. 한 가지 예를 들어보자. 10개의 블록으로 시작한 도미노 게임의 경우, 10개의 블록이 차례로 넘어지는 과정을 통해 작은 성취감을 얻는다. 이후 20개, 30개, 100개 이상으로 늘어난 블록을 세우는 과정에서 곡선 형태의 도미노를 시도하고, 다른 사물을 활용해 도미노를 넘어뜨리는 새로운 시도를 하게 된다. 여기까지가 전문가들이 말하는 창의력이다. 이때 중요한 것은 새로운 시도를 통한 성취감보다 100개 이상의 도미노를 세우는 과정에서 10개 단위로 블록을 일시 배제해 실수에 대비하는 과정에서 더 많은 성취감을 얻게 된다는 사실을 알아야 한다. 더 많은 도미노 블록을 세우기 위해서는 위기관리가 필수인 것이다.

결국, 훌륭한 창의력은 무수한 시행착오를 통해 얻는 성취감에서 비롯된다. 어쩌면 지금 우리에게 필요한 것은 최첨단 인공지능이 아닌 아케이드식 인공지능인지도 모른다. 말 잘 듣는 인공지능 비서가 편리한 삶을 만들어 준다고 해서 말 안 듣는 인공지능 비서가 불편한 삶을 안겨주는 것은 아니다. 주어진 환경에서 작은 성취감을 찾는 노력이 필요한 때다.

적게 일하는 스킬

3無

사람 대신 로봇이 일하는 창고에서는 20배 이상의 생산성이 향상되는 효과를 얻는다. 로봇 팔이 물품을 분류하고, 포장하면 이동 로봇이 이를 실어 옮긴다. 중앙 서버의 명령에 따라 일사불란하게 움직인다. 분명 로봇이 일하는데 사람들은 '로봇이 일하는 창고'라 부르지 않고, '무인창고'라 부른다. 남·여 화장실이 사라졌고, 직원 휴게실, 탕비실, 샤워실, 흡연실, 주차장도 사라졌다. 출퇴근 기기도 사라졌고, 월급·성과급·복지·연말정산 등 매번 지독한 야근을 부추기던 총무팀의 업무도 사라졌다. 무엇보다 말도 많고 탈도 많았던 직원별 업무 능력을 평가하는 업무가 사라졌고, 노조와 파업도 사라졌다. 그전까지 '유인창고'라 부르지도 않았지만, 사람의 빈 자리가 생산성으로 이어지는 효과는 분명한 듯 보인다.

'무인창고'에서 분류된 물품은 다시 '무인차량'에 실려 이동한다. 밖에서 일하는 무인자동차가 창고 안에서 일하는 로봇의 업무를 이어받는 셈이다. 전기로 이동하는 자동차라 탄소 배출도 없고, 운전자 없이 스스로 움직이는 자동차라 24시간 배송 업무도 가능하다. 야근 수당, 과로사 등도 없다. 도로에 사람이 나타나면 스스로 멈추고, 고장 나면 즉각 알려주는 똑똑한 녀석이다. 어찌 보면 가장 안전한 자동차라 할 수 있는데, 그곳엔 사람 대신 물품이 실려 있다.

'무인차량'에 실려 온 물품은 다시 '무인매장'에 배치된다. 정해진 무게를 감지해 물품의 출석을 체크하는 스마트 선반이 판매 수량과 재고 수량을 수시로 기록하고, 알려준다. 고객의 입장과 결제는 QR코드가 담당하고, 보안은 카메라와 센서가 담당한다. 계산대, 계산원이 사라졌다. 한때는 덧셈, 뺄셈, 곱셈, 나눗셈을 몰라도 계산 업무를 수행할 수 있는 기술이 개발돼 좋았지만, 더는 아니다. 계산 업무 대행에서 계산 업무 자체가 사라져버렸다. 무인창고에서 무인차량을 거쳐 무인매장까지 왔다. 바로 눈앞까지 왔다.

하루 4시간만 일한다면

필자가 사는 지역에 이케아가 생기던 날. 오픈하기 3개월 전, 하루 4시간 근무에 4대 보험, 사내 복지, 기타 모든 조건이 일반 직원들과 동일한 일자리 채용 공고가 온라인을 통해 공식적으로 공고됐던 적이 있다. 수십 대 일의 경쟁률을 기록할 만큼 엄청나게 많은 지원자가 몰렸다고 한다. 특히 고학력의 경력 단절녀와 10세 미만의 자녀를 둔 여성들이 많았다고 한다. 100만 원 초반의 월급에도 불구하고, 많은 사람이 지원한 이유는 남편의 출근과 자녀의 등교 · 등원 이후에 4시간 업무를 보고, 다시 남편의 퇴근과 자녀의 하교 · 하원 시간에 맞춰 하루 일과를 조절함으로써 일과 가정의 균형을 이룰 수 있다고 판단했기 때문이다. 양질의 일자리가 멀리 있지 않았음을 그때 처음 알게 됐다.

이제 우리는 원하든 원치 않든 하루 3~4시간만 근무하게 되는 그날에 대비해야 한다. 4차 산업혁명을 촉발한 각종 기술과 기기, 여기에 천문학적인 금액을 투자해온 기업과 재벌들이 일하는 시간은 줄이면서 소비하는 시간은 늘리는 방향으로 미래 사업을 계획하고 있기 때문이다. 아무리 인공지능과 로봇 기술이 훌륭하다 하더라도 인간의 능력을 넘어설 수 없다는 사실은 그들도 알고 있다. 그렇기 때문에 그들은 인공지능과 로봇, 인간의 상생을 통해 산업의 틀을 만들되 인간의 간섭을 최소화하려 한다. 다시 말해, 적게 일하는 스킬을 지금부터 꾸준히 고민하고, 고민하면서 관련 스킬을 개발해야 한다는 이야기다. 누구나 적게 일하고, 많이 벌고 싶은 욕망은 갖고 있을 것이다. 그렇다고 한다면, 적게 일하고, 적게 벌기 위한 스킬을 개발하거나 단련하지 않는다는 사실 정도는 인지할 수 있다.

이미 적게 일하는 스킬은 오래전부터 존재했다. 자동차를 예로 들어보자. 자동차 운전면허증은 기동성을 높여주는 중요한 스킬 중 하나다. 이동이 자유롭고, 빨라졌으며, 비용은 절감되고, 생산성은 높아지면서 매출도 늘고, 관계도 돈독해졌으며, 전반적으로 산업의 파이도 커지는 효과를 가져왔다. 그런데 한 가지 짚고 넘어가야 할 것이 있다. 이미 자동차 운전 스킬만으로도 적게 일하는 스킬은 개발한 셈이다. 윈도 프로그램과 오피스 프로그램도 그렇고, 지게차, 굴착기도 그렇다. 아이러니하게도 일하는 시간은 오히려 늘었음에도 불구하고 버는 돈은 일한 만큼 비례하지 않았다. 굳이 원인을 찾자면, 빨리 끝내고 일을 하나 더해 더 벌고자 하는 인간의 욕심 혹은 욕망에서 비롯됐다고 할 수 있다. 기술이 인간의 욕심을 더 키운 건지, 인간이 기술의 배려를 무심하게 차버린 건지 모르겠다.

확실한 건, 적게 일하는 스킬의 가장 기본적인 조건으로 더 일해서 더 벌고자 하는 욕망 대신 좀 더 여유를 갖고, 하루의 절반 이상을 가치 있게 보낼 수 있는 마음가짐이 먼저라는 사실을 말해주고 싶다. 그렇다고 모든 직종이 그렇게 바뀌지는 않겠지만, 삶의 기준을 가장 높은 곳에서 가장 멀리 바라보려는 사람과 남과 같은 높이에서 같은 곳을 바라보며 살아가려는 사람과는 확실한 차이를 보일 것이다. 일 잘하는 스킬이 일등을 만들었다면, 일을 적게 하는 스킬은 일류를 만들 것이다.

5

역사에 기록된 인물보다
기록될 인물에 집중하라

> 인물이든 사물이든 기술이든 스스로든
> 역사에 기록될 무언가에 집중해야 한다. ▼

기록하는 과정에서 배운다

역사에 기록된 인물을 열거하라고 하면, 한국을 빛낸 100명의 위인들을 가장 먼저 떠올릴 것이다. 이와 반대로 역사에 기록될 인물을 열거하라고 하면, 가장 먼저를 누구를 떠올리고, 몇 명이나 열거할 수 있을까? 기록된 인물의 수만큼 열거할 수는 있을까? 1차 산업혁명에서 4차 산업혁명까지 이어지는 시대적, 문화적 특징들까지는 열거할 수 있겠지만, 그 시대를 대변하는 인물을 일일이 열거하기는 쉽지 않을 것이다. 글로벌 시가총액 10위권에 올라 있는 기업들과 그 기업들을 창업한 인물들 그리고 세계 최고 부자 10위권에 올라 있는 인물에 대한 질문이라면 어떨까?

빌 게이츠는 '생각의 속도'를 강조하며 온·오프라인의 경계를 넘나들 수 있는 '윈도'를 창조했고, 스티브 잡스는 '디자인 심플'을 강조하며 손에 잡히는 크기의 폰에서 온·오프라인의 경계를 언제 어디서든 수시로 넘나들 수 있는 '아이폰'을 창조했다. 두 인물의 공통점을 뽑자면, 세계 1위 기업을 일궜다는 점과 창업자 모두 IT 전문가인 동시에 회사 대표였다는 점이다. 그리고 가장 중요한 공통점을 뽑으라면, 두 인물 모두 허름한 차고에서 시작해 지금과 같은 세계적인 기업으로 성장시켰다는 사실이다. 그뿐만 아니라 구글의 세르게이 브린, 래리 페이지, 아마존의 제프 베조스, HP의 빌 휴렛과 데이비드 팩커드, 디즈니의 월트 디즈니도 모두 시작은 차고였다. 특히, 혁신의 아이콘으로 상징되는 스티브 잡스의 차고는 역사적 가치를 인정받아 문화재로 보호받고 있다. 세계 1위 기업에서 일류 기업으로 기억되는 대표적인 사례라 할 수 있다.

출처: wikimedia.org

✖ 역사에 기록된 스티브 잡스의 차고지

이성에 대한 호기심에서 시작한 아이디어가 세계적인 소셜네트워크 기업 페이스북으로 성장한 계기가 됐고, 비디오 연체료에 부당함을 느낀 성난 마음이 세계적인 동영상 스트리밍 서비스 기업 넷플릭스로 성장한 계기가 됐다. 게임이 좋아 매일 15시간 이상 게임을 즐기면서도 뭔가 부족하다고 느낀 VR 기업 오큘러스 창업자 팔머 럭키는 직접 가상현실 게임기를 개발해 3조 원이 넘는 금액에 페이스북에 인수되기도 했다. 당시 그의 나이 갓 스무 살을 넘길 때였다. 이와 같은 정보는 누군가에 의해 기록되고, 가공돼 순식간에 전 세계로 퍼져나간다. 필자 역시 그렇게 가공된 정보지를 통해 습득할 수 있었다.

역사에 기록된 인물보다 앞으로 기억될 인물에 집중해야 하는 이유가 바로 여기에 있다. 이미 기록된 인물과 정보는 사람에 따라 각기 다르게 해석돼 가공될 수 있지만, 미래에 기록될 인물과 정보에 대해서는 가공할 수 있는 무엇조차 확실하지 않다. 그렇기 때문에 다양한 정보를 수집해야 하고, 다양한 사람의 주장에 귀를 기울여 완성도 높은 가능성으로 포장할 수 있어야 한다. 이 과정에서 체득한 수많은 무엇이 역사를 통해 미래를 예견하는 능력보다 더 구체적이고, 정확한 가능성을 근거로 예견할 수 있는 것이다. 그 근거가 미래에 기록될 역사물이 될 수도 있다.

역사에 기록된 인물 대부분은 왕이나 높은 직군에 종사한 사례가 많았다. 하지만 지금은 아니다. 그 어떤 조건에 구애받지 않고, 누구나 기록될 수 있고, 스스로 기록할 수 있다. 심지어 동물, 곤충, 식물, 눈에 보이는 모든 것이 포함된다. 텍스트로 기록되고, 이미지로 기록되고, 동영상으로 기록되고, 실시간으로 기록된다. 이는 다시 텍스트에서 음성으로 가공되고, 이미지는 또 다른 이미지와 합성돼 가공되고, 동영상은 다시 효과음과 배경음이 추가돼 새롭게 가공되고 편집된다. 누구나 역사에 기록될 수 있다는 이야기를 하고 싶은 것이다. 만약, 그 기록이 누군가에게 상처를 준다거나 명예를 훼손한다면, 이 역시 순식간에 공유되고, 오래도록 기록될 수 있다는 사실을 분명히 해야 한다.

기록될 인물 후보

필자가 생각하는 미래에 기록될 인물 후보로는 약 10여 명이 있다. 이미 많은 사람에게 역사적 인물로 각인된 빌 게이츠와 스티브 잡스는 제외한다.

이들을 후보로 거론하게 된 개인적인 이유는 크게 두 가지다. 관련된 데이터를 수집하는 능력과 분류·가공하는 능력을 얼마나 가졌느냐와 사용자들이 하루 24시간 중 얼마만큼의 시간을 배정받고 있냐는 점이다. 사실, 더 많은 후보군이 있지만, 필자는 이들 후보 10명에 대해 집중적으로 연구하고, 분석하려고 노력한다. 또한 매일 업데이트되는 관련 정보를 수시로 체크하며 모니터링한다. 이 과정에서 필자는 아주 많은 것을 얻는다. 미래에 대한 나름의 혜안이

✱ 필자가 생각하는 '기록될 인물 후보 10명'

대표적이다. 그들이 생각하는 기술적 · 문화적 · 제도적 흐름의 공통점을 자연스럽게 습득하게 된다. 조금의 부작용이 있다면, 이 과정이 오랫동안 지속되면 스스로를 그들과 동급으로 생각하게 된다는 점이다. 그들의 생각만 동급으로 받아들이려는 노력을 지금도 하고 있고, 매일 밤 잠들기 전, 그날 습득한 그들의 생각을 5분 정도 동기화하는 작업도 진행 중이다.

예수를 찬양하는 수많은 신도에 의해 성경책과 찬송가가 창조됐다. 매번 개정판이 출간되면서 성경의 내용은 꾸준히 쉬워지고, 간결해졌으며 이와 같은 과정을 통해 예수와 더 가까워지고, 자주 접할 수 있게 됐다. 이는 다시 4차 산업혁명 기술과 맞물려 손에 잡히는 책이 아닌 성경 앱으로 재탄생하는 과정을 거쳐왔다. 예수를 찬

양할 수 있는 다양하고도 빠른 길이 생긴 것이다.

　인물이든 사물이든 기술이든 뭐든 좋다. 역사에 기록될 수 있다고 판단되거나 스스로가 역사에 기록될 것으로 믿는다면, 자신 있게 밀어붙였으면 한다.

샘

지은이 밀런
신문

저 드론은 왜 넓은데 놔두고
여기 창고에서 날아다닌다요?
정신사납게, 다치것고만
아아 저거요?
상품이 제자리에 있나 확인하는 거에요
1초에 30장씩 찍어서 알려주거든요

그래? 옛날에도 창고 관리한다고
인공위성 쏘고 그랬던 거 같은디
그때 창업한 사장이 경비행기 타고 다니면서
매장 자리 알아봤다더니 사실인갑네

근디 요즘은 아마존 때매 골치아프다던디
온라인에서 신발 파는 회사, 등산복 파는 회사,
남성복 파는 회사, 쇼핑몰 스타트업
뭐 다 인수하고 다니던디

세계 1위 유통회사도
아마존이 무섭긴 무서운갑네

제시한 내용과 가장 관련 있는 <u>인물</u>은?

샘 월튼

A

아만시오 오르테가

B

제시한 내용이 의미하는 <u>기업</u>은?

A

Walmart

B

세 번째 단락에서 인수한 기업에 포함되는 <u>기업</u>은?

jet

A

TARGET

B

해설 혹은 힌트

월마트

　세계 최대 유통 기업 월마트는 샘 월튼이 1962년 설립했다. 평소 경비행기 조정을 취미로 삼던 샘 월튼은 이곳저곳을 날아다니며 마을과 마을을 잇는 교차 지점을 눈여겨봤다가 향후 그 위치에 새로운 월마트를 오픈하곤 했다.

　월마트는 4만 평 규모의 물류센터에 1초당 30장의 이미지를 촬영하는 드론을 통해 상품의 제고 관리와 배송 시스템에 활용하고 있다. 만약 다른 선반에 상품이 놓여 있다면, 드론은 통제 센터에 이 사실을 알리고 이를 제 위치에 놓일 수 있도록 빨간색 마크로 표시해 직원이 쉽게 처리할 수 있도록 돕는다. 2명의 작업자가 한 달 동안 처리했던 업무를 드론 사용으로 1시간 만에 마무리할 수 있게 된 것이다.

　1980년대에는 자체 제작한 인공위성을 이용해 매장과 물류 센터의 재고 관리, 최적화된 물류 시스템을 갖춤으로써 비용을 절감하고 이를 상품 가격에 반영하여 언제나 저렴한 가격으로 고객을 맞이할 수 있었다.

　세계 최대 전자상거래 기업 아마존의 성장으로 위기를 느낀 월마트는 '온라인의 코스트코'라 불리는 쇼핑몰 스타트업 '제트닷컴(Jet.com)'과 온라인 신발 쇼핑몰 '슈바이(ShoeBuy)', 온라인 아웃도어 쇼핑몰 '무스조(Moosejaw), 온라인 남성복 쇼핑몰 '보노보스(Bonobos)' 등을 인수했다.

Foreign Copyright:
Joonwon Lee
Address: 10, Simhaksan-ro, Seopae-dong, Paju-si, Kyunggi-do,
          Korea
Telephone: 82-2-3142-4151
E-mail: jwlee@cyber.co.kr

요즘 필요한 Vol.1
요즘지식
기술은 스마트하게 기억은 아케이드하게

2019. 5. 14. 초 판 1쇄 인쇄
2019. 5. 20. 초 판 1쇄 발행

저자와의
협의하에
검인생략

지은이 | 김민구
펴낸이 | 이종춘
펴낸곳 | [BM] (주)도서출판 성안당

주소 | 04032 서울시 마포구 양화로 127 첨단빌딩 3층(출판기획 R&D 센터)
      10881 경기도 파주시 문발로 112 출판문화정보산업단지(제작 및 물류)
전화 | 02) 3142-0036
      031) 950-6300
팩스 | 031) 955-0510
등록 | 1973. 2. 1. 제406-2005-000046호
출판사 홈페이지 | www.cyber.co.kr
ISBN | 978-89-315-8798-2 (03320)
정가 | 16,000원

이 책을 만든 사람들
책임 | 최옥현
편집 | 정지현
진행 | 안종군
교정·교열 | 안종군
본문·표지 디자인 | 이플디자인, 박원석
홍보 | 김계향, 정가현
국제부 | 이선민, 조혜란, 김혜숙
마케팅 | 구본철, 차정욱, 나진호, 이동후, 강호묵
제작 | 김유석

www.cyber.co.kr ★★★
성안당 Web 사이트

■ 도서 A/S 안내

성안당에서 발행하는 모든 도서는 저자와 출판사, 그리고 독자가 함께 만들어 나갑니다.
좋은 책을 펴내기 위해 많은 노력을 기울이고 있습니다. 혹시라도 내용상의 오류나 오탈자 등이
발견되면 **"좋은 책은 나라의 보배"**로서 우리 모두가 함께 만들어 간다는 마음으로 연락주시기
바랍니다. 수정 보완하여 더 나은 책이 되도록 최선을 다하겠습니다.
성안당은 늘 독자 여러분들의 소중한 의견을 기다리고 있습니다. 좋은 의견을 보내주시는 분께는
성안당 쇼핑몰의 포인트(3,000포인트)를 적립해 드립니다.
잘못 만들어진 책이나 부록 등이 파손된 경우에는 교환해 드립니다.